商业智能：方法与应用

温浩宇　编著

西安电子科技大学出版社

内 容 简 介

本书系统地介绍了与商业智能（也称为商务智能）相关的基础知识和技术，用简洁、清晰的语言讲解了数据分析、数据挖掘、数据可视化等技术和管理模式。

全书共分为 10 章，内容包括商业智能概述、联机事务处理与联机分析处理、数据仓库、数据挖掘、人工神经网络与机器学习、Web 挖掘与文本分析、用户画像与推荐系统、数据可视化、报表自动化系统、大数据技术与应用。本书提供了多个典型应用，以帮助读者理解各种技术工具及其在商业智能实践中的作用，章末给出了课后思考题，以便于教师对学生的学习情况进行考查。

本书可作为高等学校计算机、信息管理、电子商务和工商管理等相关专业的教材，也适合广大商业智能管理者自学使用。

图书在版编目（CIP）数据

商业智能:方法与应用/温浩宇编著. —西安:西安电子科技大学出版社，2021.4
（2024.7 重印）
ISBN 978 - 7 - 5606 - 5910 - 7

Ⅰ. ①商…　　Ⅱ. ①温…　　Ⅲ. ①商业信息——数据处理　　Ⅳ. ①F713.51

中国版本图书馆 CIP 数据核字(2020)第 215391 号

策　　划	戚文艳
责任编辑	戚文艳
出版发行	西安电子科技大学出版社(西安市太白南路 2 号)
电　　话	(029)88242885　88201467　　邮　编　710071
网　　址	www.xduph.com　　　电子邮箱　xdupfxb001@163.com
经　　销	新华书店
印刷单位	西安日报社印务中心
版　　次	2021 年 4 月第 1 版　2024 年 7 月第 2 次印刷
开　　本	787 毫米×1092 毫米　1/16　印张 10
字　　数	230 千字
定　　价	31.00 元

ISBN 978 - 7 - 5606 - 5910 - 7/F

XDUP　6212001 - 2

* * * 如有印装问题可调换 * * *

前　言

  大数据时代的来临让商务数据结构类型和成分发生了质变，传统的商务信息工具已无法满足现代企业智能决策的需求。同时云计算、物联网等新技术的发展又催生了新的商务需求。企业应用商业智能有助于理解业务的推动力量，判断趋势，衡量绩效，改善客户关系并创造更多的获利机会，因此学习商业智能的相关知识具有重要的实践意义。

  本书针对企业决策的现实需求，将数据仓库、联机数据分析、数据挖掘、神经网络、机器学习等新技术应用于商业智能领域，力图从多角度描绘商业智能的理论和方法。但由于商业智能的知识跨越了管理学、统计学和计算机科学与技术等多个领域，因此需要读者具有一定的相关理论基础。同时，对商业智能的学习，也是对多个领域知识的综合应用和深入理解。

  本书各章涉及的多种商业智能理论与方法在逻辑上和实践应用中存在紧密的联系。比如：联机事务处理是联机分析处理的数据基础，是从数据管理到数据分析的提升；联机分析处理又是数据仓库的核心，用以支持复杂的分析操作，提供决策工具；报表自动化和数据可视化可以将联机分析的结果以直观易懂的方式呈现；数据挖掘方法主要应用和发展了传统的统计学方法；人工神经网络与机器学习方法为数据挖掘提供了新的理论和技术，并且更加适应大数据的应用环境。对这些方法的深入学习和综合应用，有助于提升读者在商业智能相关工作中的实践效果。

  本书作者从事企业信息化和数据分析相关教学工作多年，深知实践是学习的关键环节，而理论是实践的基础，特别是随着商业智能领域的技术迅速发展和变化，扎实的理论根基更是让相关工作者能够不断跟上、甚至引领技术趋势的基础。因此，本书特别重视理论和实践的联系，旨在通过经典的应用案例来提高学生解决实际问题的能力。

  本书由温浩宇编著，研究生刘瑞婷、鲍凡、杨晓霞、张玉雪、史梦娜、马瑞娇、赵灵君、胡坤、李丽莎、李威慧、李伟超、沈岩参与了编写。

  在本书编写过程中，刘亚娟、刘芬芳、程栋、余梦然、陈玉兆、李良军、李琪、梁承希、段明慧、余媛、杨璐、王珺泽等校友在教材的内容策划和关键技术选择方面提出了非常宝贵的意见，在此表示诚挚的感谢。

  商业智能技术发展日新月异，而作者水平有限，书中难免存在不足之处，敬请广大读者批评指正。

作　者

2020 年 9 月

目　录

第1章 商业智能概述

1.1 商业智能的概念

1.1.1 数据、信息、知识

在商业智能领域，数据（Data）、信息（Information）和知识（Knowledge）是密切相关的概念，但其内涵有所不同。通常认为，数据可以被收集和分析；通过某种方法分析后的数据可以称作信息，它用来支持决策；而知识则是在汇集大量信息的基础上得到的经验。

1. 数据

数据是通过观察、实验或计算获得的结果，以某种适合使用或处理的形式进行表示或编码，可用于科学研究或决策支持等方面。不同的组织或机构所收集的数据不同：企业需要收集和处理销售、收入、利润、股票价格等数据；政府需要收集和处理犯罪率、失业率、经济增长等数据。数据可以被收集、报告和分析，也可以使用图形、图像等工具将其可视化。

在计算机科学领域，所有数据都是用二进制数（即"0"和"1"）来表示的。计算机程序本身也是数据的集合，这种数据就是指令。指令的作用就是处理数据。当然，也可以将指令和一般的数据区分看待。

在观察和收集数据的初期，所获得的数据可以称为原始数据，即未经处理的数据。数据处理通常是分阶段进行的，通过清理、校正、补充或转换，可以生成处理后的数据。一个阶段处理后的数据就成为下一个阶段的原始数据。

数据质量与数据使用效果之间存在着直接联系。比如，高质量的数据可以使企业做出及时和准确的决策，在竞争中立于不败之地。数据质量的提高需要由技术和管理共同实现。数据质量管理就是对数据在计划、获取、存储、共享、维护、应用、消亡的全生命周期中可能引发的各类数据质量问题进行识别、度量、监控、预警等一系列管理活动。数据质量管理除了可以提高数据质量外，还可以对已有的组织和管理制度进行完善。

对数据质量的评估，通常可以通过以下指标来完成：完备性（Completeness），用来度量数据的缺失情况；规范性（Conformity），用来度量数据的类型和格式的标准程度；一致性（Consistency），用来度量数据中的矛盾情况；准确性（Accuracy），用来度量数据的正确性；及时性（Timeliness），用来度量数据的更新速度；唯一性（Uniqueness），用来度量数据中的重复情况。

2. 信息

信息为某种问题提供答案或消除不确定性。1948年，"信息论之父"数学家香农（Shannon）

在名为《通信的数学理论》的论文中指出："信息是用来消除随机不定性的东西。"控制论创始人维纳（Norbert Wiener）认为："信息是人们在适应外部世界，并使这种适应反作用于外部世界的过程中，同外部世界进行互相交换的内容和名称。"在管理领域，信息则是提供决策的有效数据。

有效的信息可以减少事件的不确定性，而事件的不确定性是由其发生的概率来衡量的，事件的不确定性越高，就需要越多的信息来解决该事件的不确定性，或者说需要的信息量越大。信息量的大小可以用信息熵来度量。熵的计算公式如下：

$$H(x) = \sum_x p(x) \, \mathrm{lb} \, p(x)$$

其中，x 表示随机变量，$p(x)$ 表示输出概率函数。变量 x 的不确定性越大，熵 $H(x)$ 就越大。公式中的对数以 2 为底，单位为"位"（或"比特"）。例如，在抛硬币的实验中，一次抛硬币结果的信息量是 $\mathrm{lb}(2/1) = 1$ 位，两次抛硬币结果的信息量是 $\mathrm{lb}(4/1) = 2$ 位。

3. 知识

所谓知识，就是各种事物的信息进入人们的大脑，对神经细胞产生作用后留下的痕迹。知识是由信息形成的。

信息虽然相对于数据有了更丰富的语义，但它的价值也会随着信息的过时或使用完毕而衰减。通过对信息进行归纳、演绎、比较等，使其内在的规律等沉淀下来，并与已存在的知识体系相结合，这部分有价值的信息就转变成知识。

例如，学生的各门课程成绩是数据；把学生在学校的各种属性、活动等（比如所学专业、考勤、健康状况以及课程成绩）数据进行汇集和分析，可以形成描述学生在校学习、生活的综合信息，这些信息可以用来作为评定奖学金等决策的支持；针对大量的学生信息进行深入研究，可以发现影响学生学习成绩的一些规律性的经验，进而形成改善教学质量、提高学习成绩的知识。

1.1.2 商业智能的定义与特点

商业智能（Business Intelligence，BI）又称为商务智能，指用现代数据仓库技术、联机分析处理技术、数据挖掘和报表技术进行数据分析以实现商业价值的策略和技术。

商业智能的概念在 1996 年最早由 Gartner Group 公司提出。该公司给出的商业智能的定义为：商业智能描述了一系列概念和方法，通过应用基于事实的支持系统来辅助商业决策的制订。

商业智能的解决方案包含对关键企业级数据的有效存储和表示，从而使用户能够迅速而方便地访问并解读这些数据。方案中的商业智能工具允许企业在全新的层次上管理业务，这样就能根据对历史数据的分析，了解某项业务发展的规律和影响因素，并就后续行动做出决策，也可以根据对历史数据的分析，准确地预测未来的成果。

2011 年，根据对来自 93 个国家和 25 个行业的 4000 多名信息技术专业人士的调查结果，IBM 技术趋势报告将商业智能视为四大技术趋势之一。在《彭博商业周刊》（*Bloomberg Businessweek*）的业务分析状况调查中，收入超过 1 亿美元的公司中有 97% 采用了某种形式的商业智能系统。谷歌首席经济学家、美国伯克利加州大学（University of California, Berkeley）哈尔·瓦里安（Hal Varian）教授为 IT 专业人员和学生就数据分析的新机会发表了如下看法："什么东西是无处不在且便宜的？数据。什么是对数据的补充？分析。"

1.2　商业智能的产生与发展

商业智能从 1990 年代开始成为企业界和 IT 行业的热门术语，目前商业智能中的数据挖掘、大数据等技术已被广泛应用于描述和分析庞大（从 TB 级到 EB 级）和复杂（从传感器数据到社交媒体数据）的数据集，这些商业智能系统需要拥有与传统信息系统不同的数据存储、管理、分析和可视化技术。

管理信息系统领域顶级期刊 *MIS Quarterly* 在 2012 年的特刊中给出了商业智能与分析（Business Intelligence and Analytics，BI&A）的演化、应用和新兴研究领域，如图 1-1 所示。

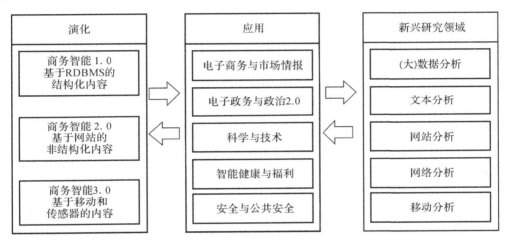

图 1-1　商业智能与分析的演化、应用与新兴研究领域

商业智能的演变过程大致分为三个阶段。

1. 第一阶段：商业智能 1.0

作为一种以数据为中心的方法，商业智能源于传统的数据库管理领域，它依赖于各种数据收集、提取和分析技术。目前，业界采用的商业智能技术和应用被认为是商业智能 1.0，其数据大多是由公司通过各种已有业务系统收集的结构化数据，通常存储在商业关系数据库管理系统（RDBMS）中。这些系统中常用的分析技术为 1970 年代开发的统计方法和 1980 年代开发的数据挖掘技术。

数据管理和存储被认为是商业智能 1.0 的基础。其中，数据集市及工具可用于提取、转换、加载（ETL）和集成企业特定数据；数据库查询、联机分析处理（OLAP）和简单直观的图形报表工具用于探索重要的数据特征；记分卡和仪表板的业务绩效管理（BPM）用于分析和可视化各种性能指标。除了这些已成熟的业务报告功能之外，商业智能 1.0 还采用统计分析和数据挖掘技术进行关联规则分析、数据分类、聚类、异常检测和回归分析。这些数据处理和分析技术大部分已经被 IT 供应商（例如 Microsoft、IBM、Oracle 和 SAP）纳入商业智能系统平台。

2. 第二阶段：商业智能 2.0

自 21 世纪初以来，互联网和 Web 页面开始提供独特的数据收集、分析研究与开发机会。基于 HTTP 的 Web 1.0 系统的特点是可以让谷歌和百度等 Web 搜索引擎以及亚马逊和 eBay 等电子商务企业在线展示它们的业务，并直接与客户进行互动。除了在线移植其传统的基于 RDBMS 的产品信息和业务内容之外，系统还可以通过 Cookie 和服务器日志大量收集特定用户的操作行为和交互日志，这种 Web 挖掘技术已成为了解客户需求并识别新业务的创新动力。商业智能系统可以通过 Web 挖掘、网页分析以及基于 Web 2.0 的社交媒体收集的数据，应用以非结构化数据为主的存储和分析系统，产生巨大的商业价值，形成商业智能 2.0 的主要特征。

商业智能 2.0 将社交媒体视为企业和客户之间的"对话"，而不是传统的企业对客户的单向"营销"，将为企业提供一个新的市场机会。与已经集成到企业信息系统中的商业智能 1.0 不同，商业智能 2.0 需要在文本挖掘（例如信息提取、主题识别、意见挖掘、问答等）、Web 挖掘、基于 DBMS 的商业智能 1.0 的时空分析等领域集成成熟的和可扩展的技术。

3. 第三阶段：商业智能 3.0

随着学术界和企业界对商业智能 2.0 的研究和应用的不断深入，商业智能 3.0 的研究也开始兴起。手机、便携式计算机等移动智能设备的持有量已经超过了笔记本计算机和台式计算机。移动设备的生态系统已日趋完整，从旅游咨询到多人游戏，从教育到医疗，从娱乐到公共事务，商业智能正在社会生活的变化中起着积极作用。配备 RFID、条形码和其他基于传感器的物联网设备正在开创令人兴奋的创新应用。这种具有支持高度移动、位置感知、以人为本和上下文相关的操作及交易能力的移动互联网设备将在今后相当长的时期持续提供有价值的研究和应用机会。总之，商业智能 3.0 的典型应用就是基于移动智能设备、物联网等技术的综合应用。

1.3　商业智能的应用领域

商业领域的强劲需求和信息技术的高速发展共同引领了商业智能研究和应用潮流。正如 Thomas Friedman 在其著作 *The World is Flat* 中所预测的那样，国际旅游、高速网络连接、全球供应链和外包为信息技术的发展创造了巨大的机会。另外，行业数据标准、电子数据交换（EDI）、业务数据库以及信息系统的开发和部署大大促进了行业数据的产生和利用。1990 年代以来，互联网的大规模应用已经使数据生成和收集速度以指数增长，大数据时代已经悄然来临。由于企业基于互联网和物联网生成的数据量已达到 TB 级甚至 EB 级，因此充分利用这些丰富的数据并从中发现新的知识和规律的需求就显得非常急迫。

商业智能的主要应用领域包括电子商务、电子政务、科学研究、健康与医疗、公共安全。

1. 电子商务

商业智能和大数据的热潮主要来自网络和电子商务社区。领先的电子商务供应商，比如亚马逊和阿里巴巴等，通过其创新的、高度可扩展的电子商务平台和产品推荐系统实现了重大的市场转型。Google、百度和 Facebook 等主要互联网公司继续引领网络分析、云计算和社交媒体平台的发展。网络用户在各种论坛、社交媒体和电子商务系统生成的 Web 2.0 内容为企业和研究人员提供了与以往不同的"倾听"市场声音的方式。与 1980 年代建立的各种传统信息系统收集的交易记录不同，电子商务系统从网络收集的数据虽然结构多样，却包含丰富的客户意见和行为信息。

针对社交媒体的客户意见分析经常采用文本分析技术和情绪分析技术；产品推荐系统则通常采用关联规则挖掘、数据库分割和聚类、异常检测和图形挖掘等技术。通过高度针对性的搜索结果和个性化推荐，电子商务平台可以有效地实现长尾营销。

2. 电子政务

Web 2.0 的出现为舆论宣传和民意收集带来了新的机遇和挑战。随着人们对新媒体使用的日渐频繁与广泛，新媒体在满足用户基本信息获取需求的同时，已日渐成长为一个集信息、观点、民意于一身的舆论平台。近年来发生的一系列社会热点事件不断表明，新媒体对于舆论的影响力正在迅速增强。新媒体舆论呈现出迥异于传统舆论的一些特征：舆论主体的匿名性与参与渠道的广泛性、传播空间的无界性与意见汇聚的实时性、议题生成的自发性与舆论发展的不确定性、价值观念的多元性与价值取向的批判性、意见表达的失范性与群体行为的极化性。这些特征都对舆论产生了深刻而广泛的影响。

文本挖掘、社会网络分析和社交媒体分析技术可用于支持舆情分析、社会热点事件跟踪，也可以提高政策执行的透明度，以便为民众提供更好的服务。

3. 科学研究

目前，许多科学和技术领域（包括天体物理学、海洋学、基因组研究和环境研究等）正在从高通量传感器和大数据分析中获益。为了促进信息共享和数据分析，美国国家科学基金会（NSF）开始强制要求每个项目提供数据管理计划，鼓励开发新的数据分析算法和工具，促进可扩展、可访问和可持续的数据基础设施，增加对人类与社会过程及其相互作用的理解，促进经济增长，改善健康和生活质量。NSF 主持的 BIGDATA 计划正在积极推进数据的管理、分析、可视化技术突破，改进从大规模、多样化、分布式和异构数据集中获取有用信息的核心科技手段，加快科学发现和创新进程，产生新的研究领域。这种数据共享举措对未来的科学研究至关重要。

一些学科已经开始走向大数据分析。例如，在生物学方面，NSF 资助的 iPlant Collaborative 计划正在帮助研究者管理和分析相关的研究数据，其中包括建立数据标准，构建数据模型，观测和分析实验数据，同时提供各种开源数据处理和分析工具。

在天文学方面，斯隆数字天空勘测计划（SDSS）显示了在科研领域使用高效的计算方法和大数据技术促进宏观、微观层面的感知及决策的模式，全球 13 个研究所的 200 多名天文学家参与了前期工作。这个项目正在绘制迄今最大的宇宙的 3D 地图，这将帮助人们更加直观地了解宇宙的形成过程、暗能量的作用以及各种星系在宇宙中的位置。当前通过项目，已经获得了覆盖四分之一以上天空的图像，创建了包含超过 93 万个星系和超过 12 万个类星体的三维地图。

4. 健康与医疗

与电子商务和科学研究面临的大数据机遇非常相似，医疗行业也正面临着来自众多患者、医院、精密医疗器械和基于网络的健康服务平台所产生的与健康和医疗保健相关的大量数据。健康大数据的两个主要来源是基因组学驱动的大数据(基因分型、基因表达、基因测序)和医患信息大数据(电子健康记录、保险记录、药房处方、患者反馈和反应)。

通过医院和诊所广泛采用电子健康档案(EHR)，可以收集和挖掘出重要的临床知识并对患者疾病模式有更深入的理解。例如，在考虑事件之间时间关系的前提下，可以使用大规模纵向 EHR 来研究医学诊断中的关联问题，挖掘"症状—疾病—治疗"(SDT)的规律，以更好地阐明疾病进展的模式。

5. 公共安全

自 2001 年 911 事件以来，反恐和安全方面的研究受到了很多关注，特别是考虑到商业和社会生活对互联网的依赖程度越来越高，需要通过计算科学、信息系统、社会科学、医学等许多领域的研究人员协调工作以提高打击暴力、恐怖主义、网络犯罪的能力。面对公共安全和各种数据及技术挑战的关键任务，人们认识到发展"安全信息学"科学的必要性，其主要目标是通过集成的技术、组织和基于政策的方法，为安全相关应用开发安全的应用系统。

通过利用先进的信息技术、数据分析算法和数据库技术等，商业智能可以提供公共安全领域的解决方案。据国际数据公司(IDC)的研究，大型公司越来越重视在计算机安全方面的投入，中小型公司在安全方面的支出也将高于其他信息技术采购的支出。在研究领域，犯罪关联规则挖掘和聚类、犯罪网络分析、时空分析和可视化、多语言文本分析、情绪和情感分析以及网络攻击分析等相关技术得到了广泛的应用。

1.4 思 考 题

(1) 简述数据、信息与知识三个概念的异同。

(2) 简述商业智能的主要特点。

(3) 简述商业智能的三个主要阶段。

第 2 章　联机事务处理与联机分析处理

2.1　联机事务处理——OLTP

2.1.1　数据库与联机事务处理

数据库(Database)是商业智能技术的重要基础。数据库是有组织的数据集合，其中存储的数据可供多用户、多应用程序共享。

数据库管理系统(Database Management System，DBMS)是与用户、应用程序和数据库进行交互，以对数据进行定义、新增、删除、更新、查询和控制等操作的软件。数据库、DBMS 和相关应用程序可以统称为数据库系统。在实际应用中，数据库也泛指 DBMS、数据库系统或与数据库关联的应用程序。

随着信息技术的快速发展以及数据库技术的普遍应用，企业在商业活动中产生的数据量越来越庞大，如何有效地处理大量数据信息并从中提取对企业有利的数据是企业必须要着重考虑的一个问题。数据库作为用于存放数据并且能够按照一定的数据结构进行组织的工具，在企业的数据管理活动中的应用非常广泛。

目前主流的数据库架构包括关系数据库和非关系型数据库。关系数据库是指应用关系模型进行数据组织的数据库，其特点在于能够把具有相同属性的数据独立地存储在一个表中，用户在对表中数据进行操作的过程中，对其他数据不会产生影响。随着互联网技术的快速发展，商业活动中产生的数据量快速增长，数据结构也越来越复杂，非关系型数据库的技术和解决方案也逐渐被广泛使用。

联机事务处理(On-Line Transaction Processing，OLTP)是基于数据库的数据处理过程，前端将接收到的用户数据传递到后台进行处理，系统在较短的时间内对用户的需求进行反应并显示处理结果。OLTP 包括收集输入信息、处理数据和更新现有数据以反映收集和处理的信息。实践中通常使用数据库管理系统来支持 OLTP，比如订单处理、账户查询和金融交易等都是典型的基于数据库的 OLTP 功能。随着企业间的业务联系和数据交换需求的发展，OLTP 系统越来越需要对跨网络、跨公司的事务提供支持。

通常在数据库系统中，对数据的增、删、改、查都可以称为事务，而作为传统数据库处理的主要部分，无论是个别事务的处理，还是每秒要进行的大规模的事务操作，OLTP 总是需要进行快速响应。如果前端用户数量多且同时间段内需要响应的事务量较大，则 OLTP 需要支持大量并发用户，并通过对数据库中的数据进行更新、修改等操作，保持数据库的实时状态。在大型应用程序中，高效的 OLTP 可能依赖于复杂的事务管理软件(如 CICS 等)和数据库优化策略，以加快对数据库进行大量并发更新处理。对于要求更高的分布式数据库系统，OLTP 代理程序可以在网络上的多台计算机之间分发事务处理需求，或者将 OLTP 集成到更加灵活的面向服务的体系结构（SOA）中。

由于需要同时响应大量用户的操作需求，OLTP 特别关注事务的并发性和原子性等特点。并发性确保多个用户同时访问数据库系统中的相同数据时保持正确的顺序和逻辑；原子性确保事务中的所有步骤作为一个组来完成，即如果事务内部的任何步骤失败，那么其他步骤也必定失败，并且退回到事务执行之前的状态。下面将通过关系数据库对事务的控制做进一步阐述。

2.1.2 关系数据库简介

通常，OLTP 需要数据库作为数据存储和操作的平台基础，而关系数据库是目前最广泛应用的数据库架构。关系数据库是采用关系模型作为数据组织方式的数据库。关系数据库的特点在于能够将每个具有相同属性的数据独立地存储在一个表中。对于任一表而言，用户可以新增、删除和修改表中的数据，而不会影响表中的其他数据。关系数据库产品以其简单清晰的概念和易懂易学的数据库语言，深受广大用户的喜爱。

关系数据库的层次结构可以分为四级——数据库、表和视图、记录、字段，相应的关系模型理论中的术语是数据库、关系、元组和属性。下面对关系数据库的四级层次结构进行详细说明。

1. 数据库

关系数据库可按其数据存储方式以及用户访问方式分为本地数据库和远程数据库两种类型。

（1）本地数据库驻留在本机驱动器或局域网中，与应用程序同处于一个文件系统中，主要支持单用户访问。如果多个用户并发访问本地数据库，则需要采取基于文件的锁定策略以防止冲突。典型的本地数据库有 Paradox、dBase、FoxPro 以及 Access 等。

（2）远程数据库通常驻留于服务器中，用户或应用程序通过结构化查询语言 SQL 来访问远程数据库中的数据。典型的远程数据库管理系统有 Oracle、Sybase、Informix、SQL Server 以及 DB2 等。

本地数据库与远程数据库相比较，前者访问速度快，但后者的数据存储容量较大，且适合多个用户并发访问。使用本地数据库还是远程数据库取决于多方面因素，如存储和处理的数据量、并发访问数据库的用户个数以及对数据库性能的要求等。

2. 表和视图

关系数据库的基本成分是一些存放数据的表（在关系理论中称为关系）。数据库中的表从逻辑结构上看相当简单，它是由若干行和列简单交叉形成的。表中每个单元都只包含一个数据，可以是字符串、数字、货币值、逻辑值以及时间等较为简单的数据。有些关系数据库增加了面向对象的特性（比如对象关系数据库），表中可以存储图形、图像等复杂的数据。

相对于存放实际数据的表，视图则可以理解为虚表。视图是根据某种条件从一个或多个基表（实际存放数据的表）或其他视图中导出的表。数据库中只存放视图的定义，而数据仅存放于作为数据源的基表中，只有查看视图时才进行数据的获取。因此，当基表中的数据有所变化时，视图中的数据也随之变化。视图可以根据系统的需求动态提取数据，使用方便，具有一定的逻辑独立性。

3. 记录

表中的一行称为一个记录（在关系理论中称为元组）。一个记录的内容是描述一类事物中的一个具体事物的一组数据，如一名工作人员的编号、姓名以及工资等。一般地，一个记录由多个数据项（字段）组成，记录中的字段结构由表的关系模式决定。

4. 字段

表中的一列称为一个字段。每个字段表示表中所描述的对象的一个属性，如产品名称、单价、订购量等。每个字段都有相应的描述信息，如字段名、数据类型、数据范围等。字段是数据库最小的单位。

2.1.3　关系数据库的设计范式

在数据库设计过程中，为了保证数据库的可靠性，需要遵循一定的规则，在关系数据库中，这种规则称为范式。目前关系数据库存在多种范式：第一范式（1NF）、第二范式（2NF）、第三范式（3NF）、Boyce-Codd 范式（BCNF）、第四范式（4NF）以及第五范式（5NF）等。最基本的要求是满足第一范式，在第一范式的基础上满足特定的要求称为第二范式，以此类推。下面我们针对前三类范式的具体概念进行说明。

1. 1NF

1NF 是指数据库表的每一列都是不可分割的基本数据项，同一列中不能有多个值，即实体中的属性不能有多个值或重复的值。例如，司机信息表中，每个司机都是一个实体，表中涵盖多个属性字段来表达司机这个实体，如姓名、性别、年龄等都是司机的属性。这些属性的值都是唯一的，如果产生了多个值或重复的值，那就表示有新的实体需要表达。

2. 2NF

2NF 建立在满足 1NF 的基础上，要求数据库表中的每个实例或数据行必须能被唯一区分。为实现该区分，每个表必须有一个（而且仅有一个）属性（或属性组）为主关键字（Primary Key），其他属性都完全依赖于主关键字，不存在部分依赖的关系。

3. 3NF

3NF 建立在满足 2NF 的基础上，要求任何非主属性不依赖于其他非主属性（在 2NF 的基础上消除了传递函数依赖）。例如班级信息表，其中每个班级都有班级编号、班级名称、班级简介等信息，那么在学生信息表中列出班级编号后就不能再将班级名称、班级简介等与班级有关的信息记录在学生信息表中。

遵循数据库设计范式是为了建立冗余小、结构合理的数据库结构，避免出现插入异常、删除异常和修改异常的问题。

2.1.4　联机事务处理的主要操作

作为关系数据库的主要应用，OLTP 对数据处理是即时响应的。大部分事务操作可以概括为对存储数据的增加、删除、修改以及查询。这些操作主要以相应的数据库指令进行。这里，我们对关系数据库采用的结构化查询语言 SQL 进行简要介绍。

结构化查询语言（Structural Query Language，SQL）是一种特殊的计算机语言，由 IBM 公司最早使用在其开发的数据库系统中。1986 年 10 月，美国国家标准学会对 SQL 进行规范后，其成为关系式数据库管理系统的标准语言；1987 年 SQL 在国际标准化组织的支持下成为国际标准语言。不过各种通行的数据库管理系统在其产品中都对 SQL 规范做了某些修改和扩充，造成不同数据库系统之间的 SQL 不能完全相互通用。比如，T－SQL 是 SQL Server 上使用的语言版本，提供了数据库脚本语言，具有类似 C、Basic 和 Pascal 的基本功能，如变量说明、流控制语言、功能函数等；PL－SQL 是 Oracle 对 SQL 的扩充，包括对变量、控制结构、自定义的存储过程和函数、对象类型等的扩充。

SQL 是高级的非过程化编程语言，它允许用户在高层数据结构上工作，不需要用户了解其具体的数据存储方式，能使底层结构完全不同的数据库系统和不同数据库之间使用相同的 SQL 进行数据操作与管理。SQL 以记录集合为操纵对象，所有 SQL 以集合作为输入，并以提交的集合作为输出，这种集合特性允许一条 SQL 的输出作为另一条语句的输入，所以 SQL 可以嵌套，具有较强的灵活性和强大的功能。在多数情况下，在其他编程语言中需要用较为庞大的程序才能实现一个单独事件，而用 SQL 只需要一个语句，并且 SQL 还能完成复杂的数据操作任务。

SQL 主要分为四类，分别为数据查询语言（DQL）、数据定义语言（DDL）、数据操纵语言（DML）以及数据控制语言（DCL）。不同语言的语法结构表示的功能不同，下面将简要介绍四类语言的语法结构。

1. 数据查询语言

数据查询语言（Data Query Language，DQL）是 SQL 中负责进行数据查询而不会对数据本身进行修改的语言，是最基本的 SQL。DQL 主要包括 SELECT、GROUP BY 等语句。

SELECT 语句用于从表中选取数据，结果被存储在一个结果表中（成为结果集）。例如：

```
SELECT 姓名，年龄
    FROM Persons
    WHERE City＝'Beijing'
    ORDER BY 年龄;
```

其中，SELECT 子句包含了要列出的字段列表；FROM 子句给出要查询的数据来源，即表名称，如果需要从多个表中查询数据，则可以列出多个表的名称；WHERE 子句用于从表中有条件地选取数据；ORDER BY 语句用于根据指定的列对结果集进行排序。

如果需要对数据进行汇总，则可通过 GROUP BY 子句配合集合函数完成。例如，希望查找每个客户的订单总金额，SQL 为

```
SELECT Customer，SUM(OrderPrice)
    FROM Orders
    GROUP BY Customer;
```

SQL 的查询功能非常强大，但复杂的查询逻辑往往意味着复杂的语句，需要进行更深入的学习和实践，这里不再进一步论述。

2. 数据定义语言

数据定义语言（Data Definition Language，DDL）是 SQL 集中负责数据结构定义与数据库对象定义的语言，主要包括 CREATE、ALTER 以及 DROP 三个语句。

（1）CREATE 语句负责创建数据库对象，比如 CREATE DATABASE 用于创建数据库，CREATE TABLE 用于创建数据库中的表，CREATE INDEX 用于创建索引。以表的创建为例：

```
CREATE TABLE Persons
(
    Id_P int,
    LastName varchar(255),
    FirstName varchar(255),
    Address varchar(255),
    City varchar(255)
);
```

该语句中给出了表的结构，包括各字段的名称和数据类型等信息。

（2）ALTER 语句负责修改数据库对象的结构。比如在表中增加一个字段 Birthday，可以写为

```
ALTER TABLE Persons
    ADD Birthday date;
```

（3）DROP 语句负责从数据库中删除对象。比如删除一个表：

```
DROP TABLE Persons;
```

这里需要说明的是：使用 DROP 删除表时，不仅将表中的数据删除了，还将表的结构也删除了。这一点与数据操纵语言中的 DELETE 是不同的。

3. 数据操纵语言

数据操纵语言（Data Manipulation Language，DML）是 SQL 中负责对数据进行修改的指令集，主要以 INSERT INTO、UPDATE、DELETE 三种指令为核心，分别表示数据的插入、更新以及删除。

（1）INSERT INTO 语句用于向表格中插入新的行。例如：

```
INSERT INTO Store_Information (Store_Name, Sales, Txn_Date)
    VALUES ('Los Angeles', 900, 'Jan-10-1999');
```

（2）UPDATE 语句用于更新表中的数据。例如：

```
UPDATE Store_Information
    SET Sales = 500
    WHERE Store_Name = 'Los Angeles'
    AND Txn_Date = 'Jan-08-1999';
```

（3）DELETE 语句用于删除表中的行。例如：

```
DELETE FROM Store_Information
    WHERE Store_Name = 'Los Angeles';
```

上述插入、更新和删除语句都可以具有更复杂的子查询或条件。

4. 数据控制语言

数据控制语言（Data Control Language，DCL）是 SQL 中可对数据访问权进行控制的指令，它可以赋予特定用户对数据表、视图、存储过程以及用户自定义函数等数据库对象的控制权。数据控制语言由 GRANT 和 REVOKE 两个指令组成，GRANT 为授权语句，

REVOKE是撤销授权语句。

2.1.5 事务的特性

在基于数据库的联机事务处理系统中，需要应对高速、并发、容错等需求。由于并发用户同时操作，会产生大量数据的输入以及对相应数据的修改，要求在整个处理过程中能够快速准确地展示处理结果，因此OLTP中的事务应具备相应的特性以保证对数据操作的执行。

（1）原子性：事务中的操作只存在两种状态，即全部执行与全部不执行，不存在只执行部分操作或停留在某个进程中。事务在执行过程中如果发生错误，会被回滚到事务开始前的状态。

（2）一致性：事务的执行必须保证数据库由一个一致的状态过渡到另一个一致的状态，即事务执行前与执行后整体系统都处于稳定的状态。例如，两个账户之间进行转账操作，事务开始时与结束时的总金额必须保持稳定。

（3）持久性：当事务执行完成后，对数据库进行的更改便保存到数据库中。

（4）隔离性：当多个事务并发执行时，其效果与单独执行这些事务的效果相同，即各个事务之间不会产生影响。

根据OLTP的需求和事务的特性，为确保系统的整体性能良好，在设计、开发过程中应遵循以下设计准则：

（1）在联机事务处理过程中，由于多用户并发操作会产生大量的数据输入和输出，因此系统在进行响应时经常会出现事务冲突的情况。为了使OLTP过程的性能最优，应将联机事务处理与决策支持分别放在不同的数据库服务器中进行，可以通过相应的数据库技术保持数据同步。

（2）为加快OLTP系统的处理速度，尽量使每个事务的任务单一，执行时间短，这样用户查询获取结果的持续时间便可以极大限度地减少，同时提高了整体数据的同步性。

（3）在系统正常运行中，OLTP系统很少需要历史数据或统计数据，可将这些利用率低但数量庞大的数据存储到单独的数据库中，或者从频繁使用的表中移出，从而提高事务的性能。

（4）在OLTP系统中创建相应的数据库索引时，应将索引的数量控制在合理的范围内，因为每次数据的增、删、改，对应的索引都会被更新，过多的索引操作会对系统的效率产生较大的影响。

（5）用户对数据进行增加、更改等操作时，数据库也要相应地对实时的数据进行备份，而数据的备份操作也会影响到整体系统的运行效率，因此应确定合理的数据备份时间，以避免对用户操作产生影响。

2.2 联机分析处理——OLAP

2.2.1 联机分析处理的发展背景

当前各种商业系统中的数据量急速上升，如此庞大的数据量在带给管理人员各种便捷的同时，也带来了新的挑战：如何有效利用大量的数据进行更加科学的决策，如何利用已有的数据资源保持和增强竞争力。OLTP中的数据查询、更改等功能已经不能满足现今大量信息数据的分析要求，这就需要企业在数据分析活动中对相关的方法进行改善。

技术人员曾经尝试在联机事务处理系统的基础上进行决策分析功能的拓展，比如，在关系数据库中放宽了对冗余数据的限制，并引入了统计及综合数据。但这些统计及综合数据的应用逻辑是分散而杂乱的、非系统化的，因此分析功能有限，不灵活，难以维护。所以，越来越多的企业采取了发展其前端产品来弥补关系数据库管理系统的不足，通过专用的数据存储管理引擎、全面的分析方法以及更加直观的数据访问界面，尝试将应用逻辑进行整合，以能够在短时间内响应复杂的查询要求，这就是联机分析处理（OnLine Analytical Processing，OLAP）。

联机分析处理是共享多维信息的、针对特定问题进行联机访问和分析的软件技术。它通过对信息多种可能的观察形式进行快速、稳定一致和交互性的存取，允许管理决策人员对数据进行深入观察。OLAP 支持复杂的分析操作，侧重对决策人员和高层管理人员的决策支持，可以根据分析人员的要求快速、灵活地进行大数据量的复杂查询处理，并且以一种直观而易懂的形式将查询结果提供给决策人员，以便他们准确掌握企业的经营状况，了解市场的需求，制订正确的方案。

表 2-1 给出了 OLTP 和 OLAP 的特性对比。OLAP 直接仿照用户的多角度思考模式，可预先为用户组建多维的数据模型。在 OLAP 的多维数据中，用户可以快速地从各个分析角度获取数据，也能动态地在各个角度之间切换或者进行多角度综合分析，具有极大的分析灵活性。这也是 OLAP 在近年来被广泛关注的根本原因，它从设计理念和真正实现上都与旧的管理信息系统有着本质的区别。

表 2-1　OLTP 和 OLAP 的特性对比

对比项目	OLTP	OLAP
用户	操作人员，基层管理人员	决策人员，高级管理人员
功能	日常操作处理	分析决策
数据库设计	面向应用	面向主题
数据	当前的、细节的、分立的二维表数据	历史的、聚集的、集成的多维数据
存取	读/写记录	只读记录
时间要求	具有实时性	对时间的要求不严格
技术基础	数据库	数据仓库

2.2.2　联机分析处理的概念和模型

联机分析处理技术的核心是对数据从多个角度进行分析，即多维度是联机分析处理技术的关键。维及其相关概念如下：

（1）维：人们在观察或对数据进行分析时的特定角度，是考虑问题的一类属性集合。OLAP 中的维度类似于用户分析角度。比如，在销售数据的分析中，时间周期是一个维度，产品类别、分销渠道等分别是一个维度。

（2）维的层次：人们在观察数据的某个特定角度时还可以存在细节程度不同的描述。

例如，在时间维上可以观察到某年、某月，也可以细化到某一天。

（3）维的成员：维的一个取值，是数据项在某维中具体的描述。例如，"2018 年 12 月 1 日"是在时间维上具体的描述。

（4）度量：多维数组的取值。各维度的交点就是一个度量值，如"2018 年 5 月，西安，笔记本电脑，6000 元"。

（5）数据立方体：为输入数据的聚合定义的框架结构，由维和事实数据组成，是多维数据库数据在维模型中的一种表述，允许以多个维度对数据建模和观察。

OLAP 可以根据数据的各个维度建立相应的维度模型，而维度模型主要由维度表和事实表构成。其中，事实表作为维度模型的基本表，主要用于度量值的存储。事实表中的一行对应一个度量值。事实表中所有的度量值应具有相同的粒度，即相同的数据细化程度，如一个事实表记录的是每天的数据，该事实表中所有的数据维度都是以日为粒度的数据。

不同于事实表，维度表最大的特点在于包含较多的列，而这些列正是将事实表度量数据进行细分的维度属性。通过对维度表不同维度的筛选，可以得到相应的事实表的具体度量值。一个事实表通常会连接多个维度表，以保证数据分析的全面性，一个维度表通常只有一个主关键字，而维度表中的主关键字在事实表中是以外关键字的方式将两类表进行连接的。

由于事实表和维度表的连接方式不同，所以形成的数据模型也是不同的：当一个事实表被多个维度表连接时，这种模型称为星型模型，如图 2-1 所示，中间的事实表分别连接了 5 个维度表；在一个事实表被多个维度表连接并且每个维度表又可以连接新的维度表时，这种模型称为雪花模型，如图 2-2 所示，中间的事实表分别连接了 4 个维度表，每个维度表又各自连接了 3 个维度表。很显然，雪花模型是建立在星型模型的基础上的。星型模型的特点是所有的事实都必须有相同的粒度，并且不同的维度之间相互不关联；而雪花模型的优点在于每个维度表的发散可以减少维度表的数据量，提高了查询速度。

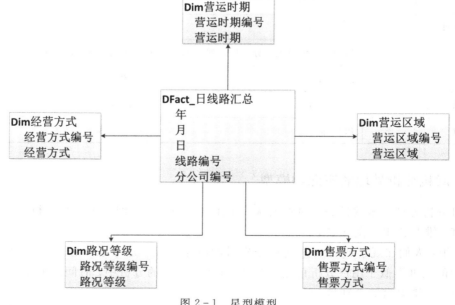

图 2-1　星型模型

图 2-2　雪花模型

联机分析处理技术除了具有多维性这一特点之外，还能存储海量数据并快速响应用户的分析需求。

2.2.3　联机分析处理的主要操作

联机分析处理技术的主要操作为钻取、切片和切块、旋转。这些操作均通过维度的变化来进行各种方式的数据分析。下面结合例子对联机分析处理技术的典型操作进行阐述。

假设有一组数据以车队、时间和收入方式为维度构建了一个数据立方体，如图 2-3 所示。

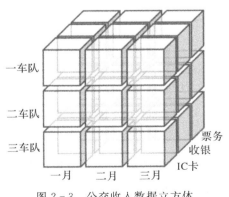

图 2-3　公交收入数据立方体

1. 钻取

钻取包含向下钻取和向上钻取，也称下钻和上钻。钻取的深度与维度的层次相对应。层次可以根据用户需求，通过给定维度或属性分组来定义，也可以由数据库中的隐含模式定义为全序或偏序的模式分层。

针对例子中的数据立方体，向上钻取是指在某一维上将低层次的细节数据概括为高层次的汇总数据或减少维数。比如，在收入种类的维度上进行向上钻取，即将票务、收银以及IC卡三个维度层次向上概括为一个高层次，即收入层次，如图2-4所示。

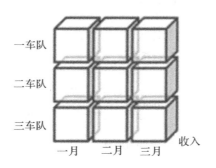

图2-4 向上钻取的结果

向下钻取与向上钻取相反，是指从汇总数据深入到细节数据进行观察或增加新的维度。以收入维为例，针对IC卡进行向下钻取，即深入到具体的IC卡类型（包括学生卡、普通卡和老年卡），如图2-5所示。

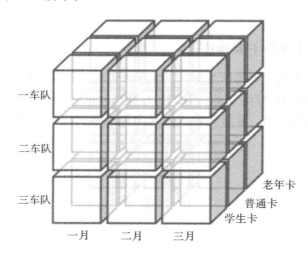

图2-5 向下钻取的结果

2. 切片和切块

在多维数据结构中，选定二维子集的操作称为切片；选定三维子集的操作称为切块。进行切片或切块后，可得到所需要分析的数据。

切片和切块用于在某一维上选取定值后，查看数据在剩余维度上的分布。在图2-6中，在车队信息维度中选定三车队后，数据分别分布在时间维和收入维上，即以时间维和收入维去截取三车队的数据立方体，这就是切片。

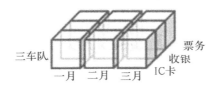

图 2-6　数据立方体切片的结果

3. 旋转

旋转是一种视图操作，通过旋转可以得到不同视角的数据。

2.2.4　联机分析处理的体系结构

数据仓库与联机分析处理技术的关系是互补的。现代联机分析处理系统一般以数据仓库为基础，即从数据仓库中抽取详细数据的一个子集并经过必要的聚集存储到联机分析处理存储器中供前端分析工具读取。基于数据仓库的 OLAP 体系结构包含三个层次：数据层、应用层和表现层。

（1）数据层：实现对数据的抽取、转换、清洗和汇总，并存储在企业级的中心信息数据库或数据仓库中。

（2）应用层：通过联机分析处理，甚至数据挖掘等，实现对信息数据的分析。

（3）表现层：通过前台分析工具，将查询报表、统计分析、多维联机分析和数据挖掘的结论展现在用户面前。

从应用角度来说，数据仓库系统除了联机分析处理外，还可以采用传统的报表，或者采用数理统计和人工智能等数据挖掘手段，涵盖的范围更广。从应用范围来说，联机分析处理往往根据用户分析的主题进行应用分割，如销售分析、市场推广分析、客户利率分析等，每个分析的主题形成一个 OLAP 应用，而所有的 OLAP 应用实际上只是数据仓库系统的一部分。

联机分析处理系统按照其存储器的数据存储格式可以分为关系联机分析处理、多维联机分析处理和混合联机分析处理三种类型。

（1）关系联机分析处理（Relational OLAP，ROLAP）。ROLAP 将用于分析的多维数据存储在关系数据库中，根据应用的需要有选择地定义一批实视图，并将其作为表存储在关系数据库中。虽然对实视图的定义和操作与视图相似，但它是物理上定义的数据，特别是在数据仓库中实视图是一个实实在在的表。因此，不应将每一个 SQL 查询都作为实视图保存，而应只定义那些应用频率比较高、计算工作量比较大的查询为实视图。对每个针对 OLAP 服务器的查询，优先利用已经计算好的实视图来生成查询结果，以提高查询效率。

（2）多维联机分析处理（Multidimensional OLAP，MOLAP）。MOLAP 将 OLAP 分析所用到的多维数据在物理上存储为多维数组的形式，形成立方体结构。维的属性值被映射成多维数组的下标值或下标范围，而总结数据作为多维数组的值存储在数组的单元中。由于 MOLAP 采用了新的存储结构，在物理层进行实现，因此又被称为物理 OLAP。

（3）混合联机分析处理（Hybrid OLAP，HOLAP）。HOLAP 尝试结合 MOLAP 和

ROLAP各自的特点，尽可能发挥这两种结构的优点，以满足用户各种复杂的数据存储和分析需求。

2.3 思 考 题

（1）简述联机事务处理(OLTP)的概念。

（2）简述联机分析处理(OLAP)的概念。

（3）简述关系数据库的 4 级层次结构。

（4）简述关系数据库的 3NF 设计范式。

（5）简述关系数据库中事务的特征。

（6）简述 OLAP 中维、数据立方体的概念。

（7）简述 OLAP 的主要操作。

第3章　数据仓库

3.1　数据仓库的相关概念

3.1.1　数据仓库的定义及特点

目前，企业现行的数据处理主要分为两类：操作型处理和分析型处理。其中，操作型处理即联机事务处理，它是针对具体业务在数据库上进行的增删改查等日常操作，对少数记录进行查询、修改，是数据库中最基础的操作。随着信息科技的发展，企业已经不再满足于数据存储和简单查询应用等需求，更多的是希望可以从大量的数据中提炼出更深层的信息，如客户的购买意愿、购买行为模式等，从而制订相应的营销决策，以提高企业的竞争力。但操作型处理只针对企业日常的事务进行，并不具备对存储数据进行分析的功能，更无法向用户提供决策支持。因此，另一类数据处理系统——分析型处理针对操作型处理系统的短板应运而生。分析型处理的主要功能是综合某些主题的历史数据进行多维度、全面的分析，用以支持管理决策。分析型处理包含操作型处理的基础功能，并对主题性数据进行分析，通过将历史数据进行整合来体现数据的完整性；同时在数据的抽取过程中能够保证数据的准确性，十分符合企业以及用户对数据分析的要求。

操作型处理和分析型处理各自具有较为突出的特点，两者的异同主要体现在以下几个方面：

（1）性能。由于操作型处理需要对用户的查询、修改等指令进行及时反应，因此在企业日常事务较多时，需要进行频繁的数据处理，并需要在短时间内展示处理结果，这就要求其系统性能较高；而分析型处理不涉及日常频繁的事务处理，因此在系统性能上并不需要即时反馈的高性能处理。

（2）集成性。操作型处理由于仅限于日常事务的数据操作，因此其数据源也只限于企业日常的数据，通常不需要对跨部门、跨系统的数据进行集成；而分析型处理是将各类数据进行整合以进行数据的全面分析，相应的数据抽取、清洗、加载等保证了分析型处理系统具备较好的数据集成性，能够将长期的、不同的数据进行集成分析。

（3）数据冗余。由于操作型处理系统需要频繁响应用户的操作，所以在数据存储中数据保持着很高的实时性，即用户频繁地查询、修改使得数据频繁地更新，因此要求数据符合关系型数据库范式要求，并且数据冗余要少；而分析型处理需要将长期的历史数据进行存储以供查询、分析、决策，但对于历史数据几乎不会修改，因此具有一定的数据冗余，提高了查询效率。

目前数据库已经在信息技术领域有了广泛的应用，它几乎涉及我们社会生活的各个部门，以多种形式保存着各种数据。由于操作型处理系统主要针对企业日常事务进行一些重复、频繁的操作，通常的设计目标是进行大量的数据维护和较为简单的查询统计，所以操作型处理系统适合使用数据库技术来实现。

分析型处理系统对数据进行多维度、多层次的分析，并提供决策支持，在从数据的集成到用户决策的制订过程中涉及的功能较多，因此数据的综合性较高，传统的数据库技术并不完全满足这种技术要求。数据仓库作为数据库的一个分支，在一定程度上比数据库针对数据信息的分析处理和决策有更好的适用性，从数据库到数据仓库的细化，也是获取数据并对数据进行正确合理分析的必然要求。因此，分析型处理系统适合使用数据仓库技术来实现。

数据仓库是一个面向主题的、集成的、相对稳定的、反映历史变化的数据集合，主要用于支持决策。从数据仓库的定义可以看出，其本质就是存储数据的集合，作用是通过数据分析来支持决策，特点是面向主题、集成、稳定以及能够反映历史变化。主题是指用户使用数据仓库进行决策时所关心的重点方面，如收入、客户、销售渠道等。面向主题是指数据仓库内的信息是按主题进行组织的，而不是像业务支撑系统那样按照业务功能进行组织的。集成是指数据仓库中的数据来源于不同结构的数据源，即从不同的数据源中进行数据的抽取，经过一系列加工后最终加载到数据仓库中，其中包括数据清理等操作以保证抽取数据的一致性，而并非简单的数据导入。数据历史是指某个数据进入数据仓库以后，一般情况下将被长期存储，在较长的时间段内不进行改动数据的操作，即数据仓库内的信息并不仅仅反映企业当前的状态，还记录了从过去某一时点到当前各个阶段的信息，能够随时反映历史数据信息。

数据仓库技术的主要目标是将企业累积的大量数据资料进行有效存储以方便分析和决策。数据仓库的数据存储结构较为特别，并且支持多种数据分析方法，如联机分析处理、数据挖掘等，能够帮助决策者在大量的数据资料中快速有效地分析出有价值的信息，并通过构建商业智能系统快速响应市场环境的变动。

数据仓库不仅可用于数据的存储，还可在存储的基础上对数据资源进行更进一步的挖掘、分析。数据仓库与数据库的主要区别在于对决策分析的支持。

数据仓库主要有以下几个特点：

（1）效率高。虽然数据仓库不需要对实时业务数据做出反应，但由于数据仓库对数据分析的粒度非常细，所以对分析效率的要求也随之提高。因为企业的数据量往往是庞大的，而用户希望得到即时的分析结果，如果数据仓库的效率不达标，则分析结果出现延迟，这对企业来说影响是非常大的，所以数据仓库要求效率要高。

（2）数据准确可靠。数据仓库在抽取数据时，由于数据源存在异构、正确性、完整性等问题，数据的准确与否会直接影响决策的质量，因此，数据在进入数据仓库前需要经过一系列的加工，即数据抽取、数据清洗、数据载入。

（3）扩展性高。数据仓库体系结构一般较为复杂，这是因为企业数据的存储、获取和分析是一个长期持续存在的需求，数据仓库应保持相应的稳定运行并在该时间段内实现功能拓展的目标，以避免因重建数据仓库所带来的影响。

3.1.2　数据集市、元数据管理和数据质量管理

1. 数据集市

数据集市是指数据源经过相应的处理后进入数据仓库，并按照特定的要求形成具有主题性的数据集合。数据集市基于数据仓库，即数据集市是数据仓库中根据特定需要而产生的一个小型数据仓库。其特点在于只面向某一个主题，在数据质量、数据分析等方面更具有专业性。在企业中存在多个部门，各部门之间的需要不同，往往不能及时从企业的数据仓库中得到相应的数据信息，而数据集市则是一个面向部门的企业数据仓库的子集。

数据集市能够存储用户需要的数据，并且能够针对用户的操作快速响应。在数据仓库的构建过程中，一般先建立若干数据集市，再整合成为完整的数据仓库。数据集市具有规模小、主题性高、响应速度快等特点，可以解决因不同的数据访问数据仓库所带来的效率低、访问量大等问题。

2. 元数据管理

元数据也叫作解释数据、数据字典，用来描述数据。元数据作为数据仓库中所有管理、操作的信息目录，包含了对数据模型、数据结构、转换规则、数据仓库结构和控制信息的描述。元数据在数据仓库的管理中具有非常重要的意义，用户可以根据主题利用元数据来查看数据仓库的内容。元数据可以描述数据仓库中存储数据的结构。例如，异构数据源中不同结构的数据转换为数据仓库中存储数据的规则、数据源与数据仓库中数据的应关系等都是元数据。

元数据分为两种：技术元数据和业务元数据。技术元数据是指存储在数据仓库中的技术数据，如数据仓库相关结构的描述以及数据度量、粒度等的查询。业务元数据是指对业务数据进行解释的数据，如对企业事务概念的解释以及对多维数据模型概念的描述。

元数据能够展现数据仓库中数据之间的内在信息和相互关系，并进行详细的解释说明，使用户能够清楚地了解数据间的关系。在数据仓库的构建过程中，元数据起着非常重要的作用，管理好元数据可以避免在数据仓库构建初期由于数据集市过多而带来的问题。

3. 数据质量管理

从数据源获得数据到最终展现给用户，在这一过程中，我们对数据进行处理和分析时经常会面对一些问题，如数据无法匹配，数据不可识别，数据不一致，数据冗余重复，数据时效性不足及精度不够等，这些问题都可以称为数据质量问题。为了避免数据质量问题对整个数据仓库的不利影响，在数据的获取、存储、维护、应用等阶段对可能产生的数据质量问题采取识别、度量、监控以及预警等一系列管理措施，并通过改善和提高企业的管理水平使数据质量更加科学有效，这一过程即为数据质量管理。

数据质量的管理主要包括数据分析、数据评估、数据清洗、数据监控以及错误预警等内容。对错误数据进行数据清洗只是数据质量管理中的一步，数据质量管理不仅是对数据质量的改善，也是对企业相关技术的改善。数据质量管理首先要通过相应的数据质量评估确定问题所在，然后展开一系列质量改善和管理活动。通常，数据质量评估和管理评估通

过以下几个维度来衡量。

(1) 完整性：用于度量数据是否缺失或者数据是否可用。

(2) 规范性：用于度量数据是否按照统一格式存储。

(3) 一致性：用于度量数据的值在信息含义角度上是否存在冲突。

(4) 准确性：用于度量数据信息是否正确或者是否具有时效性。

(5) 唯一性：用于度量数据及其属性是否重复。

(6) 关联性：用于度量关联数据是否缺失或者是否建立索引。

通过数据质量评估，可确定数据质量问题产生的原因，此时采取相应的管理措施对问题进行规避以及质量改进，就可保证数据的准确可靠。

3.1.3 数据仓库的体系结构

数据仓库的目的是搭建面向数据分析的集成化操作环境，向企业提供决策支持。其分析的数据均来源于外部，并将分析结果展现在外部应用中。数据仓库的体系结构可分为数据源、数据存储管理、联机分析处理服务器和前端工具四个部分。

1. 数据源

作为数据仓库开展一系列数据处理活动的必要条件，数据源是整个数据仓库系统最基本、最重要的部分。从数据分析、决策支持功能角度来看，数据源可以分为内部数据和外部信息。内部数据是从不同存储结构获取的各类数据，包括事务数据、文档数据等，经集成后存储到数据仓库，以达到数据分析的要求。外部信息是不同于内部数据的市场类信息，如相关规定、当前市场情况以及竞争企业的相关信息等。单凭数据分析无法保证决策的科学完整性，作为数据源，内部数据和外部信息对于企业都是非常重要的，即数据源是整个数据仓库系统的重要保证。

2. 数据存储管理

数据源中的数据经过集成后传入数据仓库进行存储，其存储方式不同于传统的数据库。数据源中的数据进入数据仓库后，按照面向主题的特性在数据仓库中进行多维存储，形成面向决策分析需求的数据立方体。这样做不仅使数据的存储更加有效，还避免了数据的冗余，也有利于数据的主题分析。数据存储管理是对数据安全、数据备份和数据恢复进行的维护工作，是数据仓库系统的核心。数据进行科学完整的存储以及有效的管理是保证数据仓库系统正常运行的重要条件。

3. 联机分析处理服务器

作为数据仓库中进行数据分析的主要模型，联机分析处理服务器能够针对特定的主题对数据进行访问、处理以及多层次、多维度的分析，并将结果展现在应用前端。目前，联机分析处理方式具体分为关系型联机分析处理、多维联机分析处理和混合型联机分析处理。

4. 前端工具

前端工具主要用于将分析结果展现给用户以及输入用户指令，包括报表展示工具、用户查询工具和分析工具等。

3.2　数据仓库设计

数据仓库是商业智能系统的基础，成功的数据仓库设计是实施商业智能系统的前提。数据仓库的设计主要分为两个部分：数据装载接口设计和数据仓库模型设计。数据仓库模型即数据仓库中数据的存储和组织方式，因此数据仓库模型的设计是数据仓库设计中最为重要的部分。数据仓库模型设计分为三个部分，分别是概念模型设计、逻辑模型设计和物理模型设计。

3.2.1　概念模型设计

概念模型是为一定的目标设计系统、收集信息而服务的概念性工具，即在进行系统设计时，先将现实数据抽象为概念模型，再使用相关的计算机语言对其进行具体描述。在概念模型设计阶段，主要任务是根据公司业务确定数据仓库模型、粒度，同时根据用户需求确定数据仓库的主题。

1. 确定数据仓库模型

概念模型的特点是将实际数据以数据间的关系进行表达，然而常用的实体-关系模型仅适用于具有关联关系的数据。目前，普遍认为数据仓库是基于数据的多维视图，不适合使用传统的实体-关系模型，而应采用多维模型。星型模型和雪花模型是数据仓库常用的多维模型。

星型模型是一种使用关系数据库实现多维分析空间的模型，它是非正规的结构，因为多维数据集的每个维度都直接与事实表连接，不存在渐变维度，所以数据有一定的冗余。雪花模型是星型模型的规范化模型，也是对星型模型的扩展。它将星型模型的维度进一步层次化，将已有的维度扩展为多层维度。例如，渐变维度常常被用在雪花模型构建的数据仓库中。

2. 选择粒度

粒度的选择是数据仓库设计中一项非常重要的工作。合理地设计数据仓库的粒度是后续工作顺利进行的保障。数据仓库粒度的级别和数据细化程度成反比。例如，以"日"为粒度的数据细化程度比以"月"为粒度的数据细化程度高，因为每日的数据比每月的数据更详细。选取过低的细节数据为粒度，会消耗过多资源来处理数据，而选取过高的细节数据为粒度又会造成信息缺失，因此在选择粒度时必须紧密联系企业业务现状和需求。以公交业务数据为例，不同的用户对数据有着不同的需求，数据分析系统一共可以分为以下三类用户：

（1）基层业务员：负责根据需求编制日报表、月报表、年报表。

（2）分公司管理者：负责以日为单位查看运营报表，以月、年为单位查看分公司汇总报表。

（3）总公司管理者：负责以月、年为单位查看总公司、分公司的汇总报表。

三类不同的用户查看的报表主要分为日报表、月报表和年报表。公交公司每天都会产生大量的运营数据，如果以"日"为粒度，则会降低查询速度；若以"日""月""年"为粒度，则会产生大量冗余。综合考虑，数据分析系统采用双重粒度存储数据（即以"日"为粒度的明细信息和以"月"为粒度的汇总信息）。详细的数据仓库粒度级别设计图如图3-1所示。

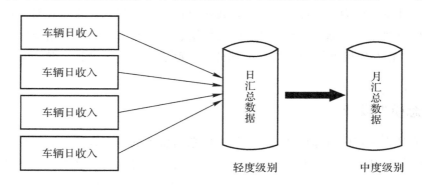

图3-1　数据仓库粒度级别设计图

3. 确定主题

主题是一个抽象的概念，是数据仓库设计概念模型的依据。具体来说，主题从业务角度出发，定义用户需要分析的方向，它与数据仓库的技术实现无关。同样以公交公司为例，某公交公司存在6个运营级别，分别是分公司、车队、线路、车辆、司机以及乘务员。每个运营级别之间也存在一定的隶属关系，车队属于分公司，线路属于车队，车辆、司机以及乘务员属于线路。车辆运营主题的逻辑结构图如图3-2所示。根据对数据分析系统的组织结构调查和业务分析可知，企业重点关注每个运营级别的数据，并且以运营级别为单位分析数据。因此，数据仓库确定6个主题：分公司运营主题、车队运营主题、线路运营主题、车辆运营主题、司机运营主题、乘务员运营主题。

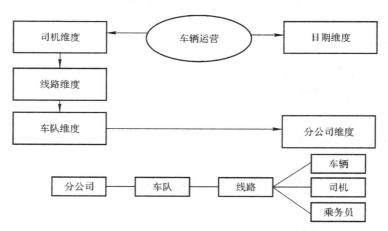

图3-2　车辆运营主题的逻辑结构图

数据仓库以面向主题的方式组织数据，可以在较高层次上对分析数据进行一致性描述。同时，这样组织数据能够全面展示分析对象所涉及的企业各项数据间的关系。

3.2.2　逻辑模型设计

逻辑模型设计主要是在概念模型的基础上进行主题细化，定义实体间的关系和属性。数据仓库逻辑模型的基础是主题，应根据主题对业务划分并对业务间的关系进行描述。在设计逻辑模型的结构时，不仅要考虑满足现阶段用户的分析需求，还应考虑在未来业务需求发生变化时是否能迅速适应或转变，只有这样才能保证逻辑模型的有效性。下面详细介绍逻辑模型的设计过程。

1. 确定当前需要载入的主题

以公交公司为例，在概念模型设计阶段确定了 6 个主题：公司运营主题、车队运营主题、线路运营主题、车辆运营主题、司机运营主题以及乘务员运营主题。现在要详细地设计主题所有的属性，特别是确定能代表主题的属性组。表 3.1 给出了分公司运营主题、车辆运营主题、司机运营主题以及乘务员运营主题（车队运营主题、线路运营主题和分公司运营主题基本一致）的详细描述。

2. 设计维度

维度是用户观察、分析数据的角度，也是连接用户和数据仓库数据的接口。维度常常是一组指标，用户可以用不同的维度指标来进行数据的组织分析。但在数据仓库构建中，常会出现数据孤岛的问题。这是因为在多维体系构建中，数据仓库往往是由多个数据集市组合形成的，如果多个数据集市在组合形成过程中因出现问题而导致无法进行数据仓库的构建，则各个数据集市将独立存储。各个数据集市独立存储的形式称为数据孤岛。为了避免数据孤岛问题的发生，在设计维度时应采用一致性维度的方式。

一致性维度主要有两种存在方式：第一种是两个维度完全相同的，第二种是一个维度是另一个维度的子集。一致的维度是指具有一致的关键字、一致的属性列名称、一致的属性定义和一致的属性值，只要其中一项不同，维度表就不一致。一致的维度以多种形式存在，最常见的是所有数据集市连接的相同维度表的所有内容都一致。不论是车辆事实表还是分公司事实表，它们的日期维度表是一致的，两个维度表有相同的关键字、属性列名称、属性定义和属性值。但当事实表为与聚集维度相联系的聚集事实时，维度就处在一个通过堆积形成的粒度层次上，这时一个维度是另一个维度数学上严格的子集，这种关系也满足维度的一致性。例如，分公司月运营和分公司日运营由于粒度不同，无法在日期维度保持一致，但分公司月运营维度的各种描述必须与分公司日运营维度的完全一致。为了避免月维度的内容和日维度的不一致，分公司月运营维度应当在分公司日运营维度上建立。这样月维度就是日维度的子集，在后续钻取等操作时仍可以保持一致。根据公交公司选定的主题，进而设计的维度如表 3-1 中的属性组所示。

表 3 - 1 主题的详细描述

主题名	公共关键字	属 性 组
分公司运营主题	分公司编号	分公司固有信息：分公司名称、分公司编号等 运营信息：实际运营圈次、营运车日等 计划信息：计划线路数、计划普票收入等 收银信息：收银收入、收银人次等 油耗信息：标准能源应耗、标准能源实耗等 安全信息：事故次数、事故收入等 服务信息：服务检查数、整洁检查数等 日期信息：年、月、日、节日、天气等
车辆运营主题	车辆编号	车辆固有信息：车辆编号等 运营信息：实际运营圈次、营运车日等 计划信息：计划线路数、计划普票收入等 收银信息：收银收入、收银人次等 油耗信息：标准能源应耗、标准能源实耗等 日期信息：年、月、日、节日、天气等
司机运营主题	司机编号	司机固有信息：司机姓名、司机编号等 运营信息：实际运营圈次、总行驶时间等 计划信息：计划行驶千米、计划运营圈次等 收银信息：收银收入、收银人次等 日期信息：年、月、日、节日、天气等
乘务员运营主题	乘务员编号	乘务员固有信息：乘务员姓名、乘务员编号等 运营信息：实际运营圈次、总行驶时间等 计划信息：计划行驶千米、计划运营圈次等 收银信息：收银收入、收银人次等 日期信息：年、月、日、节日、天气等

3.2.3 物理模型设计

物理模型设计的最终目标是将概念模型和逻辑模型以具体的实体形式展现，即在逻辑模型的基础上对包括物理列名、数据类型、关键字以及是否允许为空等进行相应的设计，其重点是确定数据的存储结构、索引策略、数据存放位置以及存储分配。同时在设计中需要考虑物理的输入/输出，因此不同的输入/输出方式经常会极大地影响系统的性能。下面以车辆日运营主题为例，设计数据分析系统的物理模型。物理模型设计主要有两部分：事实表设计和维度表设计。

1. 事实表设计

事实表是维度模型的基本表，如 DFact_日司机汇总表存放有大量的司机每日工作数据。同时，事实表的度量值必须使用相同的粒度，该事实表每个度量值都以"日"为粒度。DFact_日司机汇总表包含三类度量值：可加性事实、半加性事实以及非加性事实。

（1）可加性事实是指可做加法的事实，它是事实表中最有用的事实。表中计划信息（如计划行驶千米、计划普票收入等）、运营信息（如总行驶时间、实际营运圈次等）、收银信息（如收银人次、收银收入）、油耗信息（如标准能源应耗、标准能源实耗）都属于可加性事实。

（2）半加性事实是指只能在某些维度相加的事实。半加性事实的表现形式是数值，但是不能直接相加，因为不符合逻辑，如银行不能按照日平均结余额来计算月账户总额。

（3）非加性事实是指在任何情况下都不能进行加法运算的事实，或是相加后没有任何意义的事实。例如，司机姓名属于非加性事实。不代表数量意义的数值事实也属于非加性事实，如正点率的类型是 float，但由于是比率，因此直接相加后的数据没有意义。

2. 维度表设计

维度表用来对业务进行描述，它和事实表相辅相成。维度表的属性决定了用户与数据仓库交互的难易程度，丰富的维度属性提供了丰富的约束条件和报表标签。用户通常认为一个可以按任意维度查询的报表是易用的系统，而维度表的属性恰恰就是用户和数据交流的接口。从实践角度来说，维度表的属性通常是报表查询的参数。比如，用户按照时间条件来查看报表，最常见的是用户按"星期几"和"当年的第几个月"来查看一个月内每个周末车辆的运营情况。

维度表的属性多是文字性的，并不具有数学上的运算能力，这也是维度表属性和事实表属性的主要区别。在设计维度表时，可以采用更多有意义的属性，即适量增加维度表的列数，以详细说明数据的属性，这样的设计可以提供更多维度的查询。表 3-2 展示的是 Dim 日期维度表。

表 3-2 Dim 日期维度表

列名	数据类型	允许 null 值
日期	int	否
完全日期	date	否
星期几	tinyint	否
当月的第几天	tinyint	否
当年的第几天	smallint	否
当年的第几周	tinyint	否
当年的第几个月	tinyint	否
当年的第几季度	tinyint	否
日历年	smallint	否
节日	var(10)	是
天气	var(10)	是

下面以日期维度表为例，详细介绍维度表的设计过程。Dim 日期维度表有 11 个属性，每个属性都是对维度表的描述。"日历年"表示按照公历纪元表示的年份。目前公交业务系统中最早的数据是从 2002 年开始的，因此"日历年"也是从 2002 年开始至今，以后随着年份增加，每年都会增加新一年的数据。"当年的第几个月"表示月份数，取值范围是 1～12，"当月的第几天"表示的是每月的天数，自然月有 28 天、29 天、30 天以及 31 天，因而取值范围为 1～31。

在 Dim 日期维度表中除了常见的表示时间的属性外，还有两个比较特殊的属性"节日"和"天气"。公共交通运输状况和人的行为方式息息相关，节假日和平时的客运量是不同的，不同的天气状况下人们选择的出行方式也不同。因而数据分析系统通过增加"节日"和"天气"这两个属性，为用户分析数据和做出决策提供帮助。"节日"属性并不仅仅是给出"节日"和"非节日"这样的内容，而是给出 9 个属性值，分别是 8 个法定节假日以及"平时"。这样设计的原因在于用户常常分析某个具体节日的运营情况。"天气"有 20 个属性值，分别是晴天、阴天、雾天以及其他常见天气状况。"节日"和"天气"两个维度的数据是不可预测的值，因为每年的法定节假日不同，每天的天气状况也不同。这两个维度的数据可由用户自己维护。在生成数据时，"节日"默认为"平时"，"天气"默认为"晴"。

数据仓库系统的构建是需要反复进行的，在系统开发初期并不一定能很好地进行需求分析。通常，只有当设计出一部分数据仓库系统并交给客户使用之后，客户才能真正了解系统，并提出有建设性的需求，然后根据客户的需求不断地对数据仓库进行完善，直至构建出实用性高、科学可靠的数据仓库系统。

3.3　ETL 的过程设计

ETL 系统是数据仓库的基础之一。ETL 系统通过从分散的源系统中抽取数据，按照规则和一致性标准清洗数据，最后以适当的形式展现数据，供用户进行分析和决策。一个标准的 ETL 过程图如图 3-3 所示。

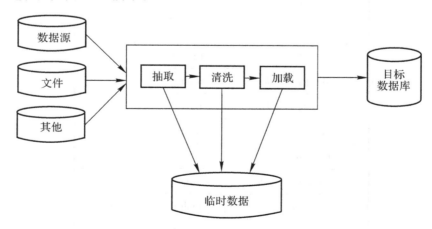

图 3-3　标准的 ETL 过程图

ETL 过程看似简单，只是对数据做处理，但实践证明，在大多数数据仓库系统中 ETL 过程会消耗高达 70% 的资源。

3.3.1　数据抽取设计

由于源系统的数据来源非常广泛，可能在不同的平台上，也可能属于不同的数据库，所以数据抽取阶段面临的主要问题是如何抽取来自多个源系统的数据。常见的源系统为平面文件(包括固定长度的平面文件和有分隔符的平面文件)、数据库、XML(扩展标志语音)数据源、Web 日志数据源和 ERP 系统数据源等。对于各种源系统，数据抽取方式一般分为全量抽取和增量抽取。全量抽取是指原封不动地将数据从源系统中抽取出来，并转化成 ETL 工具可识别的格式。增量抽取是指只抽取新增或修改的数据。目前，应用最多的方法是增量抽取，其常用的方式有触发器方式、时间戳方式、全表删除插入方式、全表对比方式和日志表方式。下面详细介绍各种方式。

(1) 触发器方式是指在源系统的表里设置增、删、改三个触发器，当源系统数据发生变化时，触发器就会自动运行，目标数据仓库的数据也会发生相应的变化。

(2) 时间戳方式是一种基于快照比较的变化数据的捕获方式，应用时间戳必须先给源表加上时间戳字段，当源表数据变化时，时间戳也自动更新，从而抽取数据时可以通过对比时间戳来选择需要更新的数据。

(3) 全表删除插入方式是一种较为常见的抽取方式，具体操作为每次 ETL 操作之前都必须先删除相关数据，再由 ETL 重新加载数据。

(4) 全表对比方式需要为数据源表创建一个主码以及所有字段的临时表，当 ETL 工具要抽取数据时，都必须先将临时表和数据源表作比较，若临时表和数据源表不同，则执行更新操作。

(5) 日志表方式需要在业务系统中添加日志表，每当数据源的数据发生变化时，日志表就会更新。因此，可以通过查看日志表确定哪些数据需要抽取。

3.3.2　数据清洗设计

数据清洗是 ETL 系统三个步骤中最重要也是最核心的部分。通过清洗数据，可以将质量存在问题的数据加以修正，达到准确分析的要求。数据清洗的第一步是定义数据质量。高质量的数据必须具有以下四个特点：

(1) 正确性。数据必须能正确反映它所代表的对象。例如，"节日"维度属性代表的是节假日信息，10 月 1 日是国庆节，那么当天数据中的"节日"必须是国庆节，不能是其他属性值。

(2) 明确性。数据的描述应具有唯一的意义。例如，表中司机姓名会存在重复的问题，我们对每个司机都设置一个独特的编号，即司机编号，每个编号代表唯一的司机信息。无论司机信息是否在数据库内，都不会出现重复编号的情况。

(3) 一致性。数据的值和描述必须保持不变。确定一致性后，数据仓库的每个表都必须使用不变的标识约定。例如，"车队名称"标准的属性值应该用文字表示，如"一车队""二车队"，那么在有该属性的地方都要使用标准形式表示，而不能用其他方式表示，如"01"表示"一车队"。

(4) 完整性。数据是否完整，是数据清洗过程中最常见的问题。完整性约束通常有两个方面：一是保证记录数是完整的，没有任何丢失记录；二是对每个属性进行定义，包括属性值和约束。例如，"司机编号"是 Dim 司机表的主码，是司机的唯一标识，因而"司机编号"的完整性约束是数据类型为 varchar(10)（varchar 是可变长字符串），且不能为空。

明确定义数据质量之后就要将源数据和数据质量要求作对比，对数据进行清洗。在实际操作中，往往会出现多种数据问题，我们将常见的数据质量问题归为四类，针对每类问题都给出了相应的解决方法。

（1）A 类问题。这类问题是最常见的，表现形式为数据出现错误。比如，在 DFact_日司机汇总表中，总行驶千米表示当天该司机开车行驶的总里程。从逻辑上来说，总行驶千米不可能为负值，如果司机当天驾驶车辆，那么总行驶千米为正值；若当天司机未驾驶车辆，则总行驶千米为 0。因此，当出现负值时，可以确定是数据源存在问题，最大的可能就是数据录入时出现了错误。类似于该类问题，其解决方法只能回到源系统进行处理。ETL 清洗这类数据时，应当明确标明这些数据属于伪造或缺失。

（2）B 类问题。这类问题与 A 类问题的内容大致相同，但主要区别在于技术实现。以公交五公司的一条线路为例，在数据清洗过程中，发现 K400 公交线路存在两种写法：K400 和 k400。正确的写法是 K400。针对该问题，我们使用 ETL 的数据流转换工具可以批量地将错误的写法修改为正确的写法，即将小写字母 k 改为大写字母 K。但最理想的解决方案应该是在源系统中将错误改正，这样在调用该数据源时就不需要再次修改数据。

（3）C 类问题。这类问题一般情况下不是因为数据本身出现错误，而是对数据的格式有不同的需求。在设计数据仓库物理模型时，将维度属性"司机编号"的数据类型定义为 varchar(10)，这样既可以节省空间，又可以在后期显示数据时获得更好的效果，然而在源系统里"司机编号"的类型是 char(10)。源系统对数据的定义并没有出错，但不满足新系统的需求。该问题最好的解决方案是保持源系统不变，在 ETL 过程中对数据类型进行修改。

（4）D 类问题。这类问题通常是固定的源系统错误或者是第三方系统的数据缺失，并且只能在 ETL 系统中解决。D 类问题在四类数据质量问题中最少见，但往往是数据清洗的难点和重点。下面以 DFact_日司机汇总表的 ETL 过程为例，详细阐述 D 类问题的产生原因和解决方案。

DFact_日司机汇总表中有一类数据表示的是收银信息，包括收入和人次两个方面。收入信息包括营运收入、收银收入、票务收入、IC 卡收入。其中，IC 卡收入又可以细分为成人卡收入、学生卡收入和老年卡收入。同样地，人次信息包括营运人次、收银人次、票务人次、IC 卡人次。其中，IC 卡人次可分为成人卡人次、学生卡人次和老年卡人次。收入与人次的对应关系如表 3-3 所示。

表 3-3　收入与人次的对应关系

收入	营运收入	收银收入	票务收入	IC 卡收入
人次	营运人次	收银人次	票务人次	IC 卡人次

接下来以收入信息为例分析数据来源。运营收入是一个计算字段，相当于收银收入、票务收入和 IC 卡收入的总和。收银收入来源于收银数据库，是无人售票线路的现款收入，收银数据在第二天从收银数据库导入统计数据库；票务收入来源于票务数据库，是有售票

员的线路的售票收入，票务收入在每天晚上导入统计数据库；IC 卡收入来源于一卡通数据库，是无人售票线路的 IC 卡刷卡收入，IC 卡收入也是次日从一卡通数据库导入统计数据库的。因此，在源系统中，对任意的某一天，只有票务收入是当天的数据，收银收入和 IC 卡收入都是前一天的数据，所以当天的营运收入是错误的值。

为了保持数据的一致性，ETL 过程必须将这部分数据重新组合。ETL 系统设计了存储过程"DFact_日司机日期提前一天"，它按月将一个月的部分收入数据和人次数据提前一天。例如，源系统的 20 号数据在数据仓库中为 19 号的数据，而源系统每月的第一天则提前为上月最后一天的数据。"DFact_日司机日期提前一天"写在数据仓库的存储过程中，可以使用 ETL 工具箱里的控制流工具"传输主存储过程任务"调用该存储过程，在适当的时候执行该操作。通过存储过程的修正、查询，DFact_日司机汇总表中任意一天的收入数据即为当天的收入数据。

3.3.3 数据加载设计

ETL 过程的最后一步操作是对数据进行提取并转换后写入目标数据库，以供用户和应用程序访问。通常 ETL 过程不是一次性的，是持续对数据实时更新的长期过程，新数据会定期加载到数据仓库，其加载周期可能是月、周、天甚至小时，加载的频率取决于数据仓库的功能和服务的业务类型。

为了实现数据仓库的可伸缩性，在初始加载中应减少加载数据量，尽量做到只加载元数据。初始数据加载后，新数据周期性地按照提取、清洗和加载流程加载到数据仓库中。由于数据仓库数据量大，更新速率不及时，因此数据仓库中的数据无法保持较好的实时性，此外，过多的数据存储会产生冗余，进而对数据仓库系统造成一定的影响。为了避免对数据仓库系统的影响，需要在数据加载到数据仓库的过程中对动态数据进行实时的更新及合理的数据分布存储，以有效地解决相关问题。从逻辑模型的角度出发，数据加载分为两部分，分别是维度表的加载和事实表的加载。这里我们仍以公交数据为例进行详细的说明。

1. 维度表的加载

通常我们认为维度与时间无关，维度具有固定的属性值。但事实上绝大多数维度值都是随着时间发生变化的。为了追踪这些变化的属性值，维度表的加载常采用渐变维度（Slowly Changing Dimensions，SCD）。渐变维度是指在数据仓库中随着时间的变化存储和管理当前数据和历史数据的维。根据处理属性变化的策略不同，渐变维度分为三种类型。

（1）类型 1 的特点是变化覆盖现有属性。一个类型变化只更新属性，不插入新记录，不影响主码。新传入的记录（改变或修改了数据集）取代了现有的旧记录，这样属性反映的总是最新的记录。

现在以乘务员的维度作为考察对象。Dim 乘务员表是乘务员运营主题的维度表，现在有乘务员编号为 05001627 的乘务员，于是存在于 Dim 乘务员表的 05001627 号乘务员具有如表 3-4 所示的维度值。

表 3 - 4　乘务员维度值 1

年	月	乘务员编号	乘务员名称	性别	车队编号	是否在册	线路编号
2014	10	05001627	马涛	男	506	是	260

乘务员编号是 Dim 乘务员表的主码，在三种类型的渐变维度中，主码都保持不变，即乘务员编号是不会发生变化的。假设在 2014 年 11 月 1 日，该乘务员从 260 线路调到环山 2 号线路上班，如果应用类型 1，则用新的线路编号更新维度表的数据即可，更新后的数据如表 3-5 所示。

表 3 - 5　乘务员维度值 2

年	月	乘务员编号	乘务员名称	性别	车队编号	是否在册	线路编号
2014	11	05001627	马涛	男	506	是	环山 2 号

（2）类型 2 的特点是增加改变的记录。2014 年 11 月之后，05001627 乘务员从 260 线路调到环山 2 号线路上班，应用类型 2 的方法，则添加了一条新的记录。该乘务员的相关数据记录如表 3-6 所示。

表 3 - 6　乘务员维度值 3

年	月	乘务员编号	乘务员名称	性别	车队编号	是否在册	线路编号
2014	10	05001627	马涛	男	506	是	260
2014	11	05001627	马涛	男	506	是	环山 2 号

类型 2 的方法可以很好地跟踪维度的变化，并且能够记录所有的历史属性。但是每次变化添加新记录的方式会加速维度表的膨胀。实践证明，当维度表超过 100 万行时，类型 2 是不适用的。

（3）类型 3 的特点是添加维度列，即当属性值变化时，并不是如类型 2 一般添加新的记录，而是通过添加新的列来捕获属性的变化。针对乘务员的例子，应用类型 3 得到的数据记录见表 3-7。

表 3 - 7　乘务员维度值 4

年	月	乘务员编号	乘务员名称	性别	车队编号	是否在册	前线路编号	现线路编号
2014	11	05001627	马涛	男	506	是	260	环山 2 号

类型 3 的优点是可以在同一条记录里展示新旧属性值，方便作分析比较。但类型 3 显然不适用于属性值频繁变化的情况，属性值频繁变化带来的影响非常严重。因此，如果需要跟踪不可预见的变化，则类型 2 更适用。

了解了三种渐变维度的特点后，需要根据数据仓库各维度表的实际情况应用不同的策略。当车辆维度、司机维度以及乘务员维度由于数据量大，并且不需要记录属性的历史值时，数据记录采用类型 1 的方法；当日期维度随着时间的变化有规律地产生（即每天产生一条新记录）时，数据记录采用类型 2 的方法，不断添加新记录；类型 3 在实际中很少使用，通常在有前后数据对比分析的要求时才会使用。

2. 事实表的加载

事实表有三种，分别是事务事实表、周期快照事实表和累积快照事实表。三种事实表适用于不同的业务情况，但是一个完整的业务描述需要三种表的共同辅助。表 3-8 是对三种事实表的比较。

表 3-8 三种事实表的比较

比较项目	事务事实表	周期快照事实表	累积快照事实表
粒度	每个事务一行	每段一行	每个生命期一行
日期维度	事务日期	时间段终止日期	标准关键环节的多个日期
事实表更新	不更新数据	不更新数据	需要更新数据
事实表加载	插入	插入	插入与更新

（1）事务事实表是特定时间、特定空间上的某个时间点的测量。事务事实表主要用于存储最低粒度的数据。因此，事务事实表通常是三种表中数据量最庞大的表。

（2）周期快照事实表通常是一个时间段的规律性重复，为每周、每月结束时当时的业务状态快照。对每个给定的时间周期，都有一张快照。

（3）累积快照事实表适用于描述有确定时间段的过程，它可以涵盖一个事务生命周期的任意时间跨度。

当事实表第一次导入数据时，通常会面临较为庞大的数据量。如何有效快速地载入数据是需要考虑的重要问题。下面给出了几种较为常见的一次性加载数据的方法。

（1）单独处理数据插入。使用 SQL 语句（如 update 和 insert 语句）可以对数据进行加载，很多 ETL 工具都包含 SQL 语句功能。

（2）批量加载。使用批量加载工具可以提高加载效率，同时能够降低数据库的负载。

（3）并行加载。该方法适用于加载大量的数据。使用并行加载方法必须先对数据进行分区，将数据分成均等的部分，然后通过 ETL 过程并行加载所有数据。

（4）最小化物理更新。该方法采取的策略是先删除需要更新的数据，然后将所有的数据批量加载。

（5）聚合。该方法是指在数据库外进行聚合，应用 ETL 过程将数据在进入关系型数据库准备区之前进行合并。

事实表的初始化完成之后，系统需要考虑的是如何对事实表进行周期性加载。目前，数据分析系统的数据仓库使用的是增量加载方式，并且加载的时间间隔为日，即每天将"日"粒度数据加载到数据仓库中。这样的加载方式既可以避免实时加载的频繁访问，又可以及时地将新的数据更新到数据仓库中。

公交公司分公司事实表的加载过程是一个典型的数据加载过程。事实表的初始化是通过批量加载完成的，一次性将 2002—2012 年的数据加载到数据仓库。事实表的周期性加载使用的是增量加载方法，系统设置每天凌晨 2 点自动将前一天的事务数据加载到 DFact_日分公司汇总表里。同时，在每月的 2 号凌晨执行以"月"为粒度的增量加载，即将上一个月的周期性数据加载到 DFact_月分公司汇总表里。图 3-4 是 DFact_日分公司汇总表的数据流任务图。

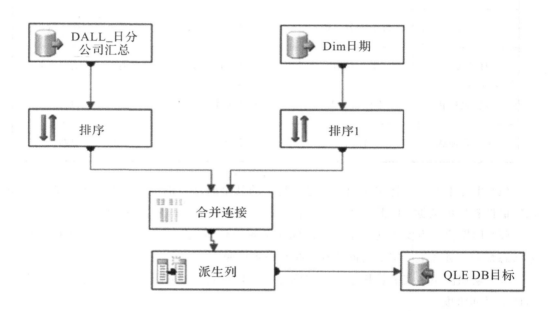

图 3-4　DFact_日分公司汇总表的数据流任务图

3.4　思　考　题

（1）简述数据仓库的概念与特点。
（2）简述数据集市、元数据的概念。
（3）简述数据质量管理的主要内容和评价维度。
（4）简述数据仓库的体系结构。
（5）简述数据仓库的概念模型设计的主要任务。
（6）简述数据仓库的逻辑模型设计的主要任务。

数据仓库说明文件

（7）简述数据仓库的物理模型设计的主要任务。

（8）简述 ETL 的概念和主要过程。

（9）SQL Server 2008 R2 使用 AdventureWorksDW2008R2 示例数据仓库来说明 SQL Server 中提供的商业智能功能。试分析 AdventureWorksDW2008R2 示例数据仓库的结构，理解构建数据仓库的基本原则。

第4章 数据挖掘

4.1 数据挖掘概述

4.1.1 数据挖掘的概念与任务

1. 数据挖掘的概念

无论是科学、市场营销、金融、医疗保健、零售还是其他领域，数据分析的经典方法基本上都依赖于一个或多个数据分析师长期在某个领域的研究成果，并充当数据与用户和产品之间的接口。

近年来，随着信息系统的广泛使用，系统产生的数据在规模和复杂性上迅速增长，大量数据需要被及时转换为有用的信息和知识，但传统的数据处理方式已经不适应这种新的需求，于是作为解决这类问题的新方案——数据挖掘（Data Mining）技术在学术界和产业界引起了极大关注。

数据挖掘是通过特定算法从大量的数据中揭示数据的模式特征或相互关系的过程，它是数据库知识发现（Knowledge-Discovery in Database，KDD）过程的一个步骤。数据挖掘技术可以广泛用于各种行业或场景，包括商业智能管理、生产控制、市场分析、工程设计和科学探索等。

虽然数据挖掘技术较传统的数据分析方法有很大的进步，但它本身也是多学科融合的产物，包括来自统计学的抽样、估计和假设检验等方法，来自计算机科学的人工智能、模式识别和机器学习等算法及理论，还有来自最优化、进化计算、信息论、信号处理、可视化和信息检索等领域的知识及思想。同时，在数据挖掘的实现过程中，往往还需要数据库系统的存储、索引和查询功能，以及高性能（并行式或分布式）计算技术的支持。

2. 数据挖掘的任务

数据挖掘的任务就是对大量数据进行半自动或全自动的分析，以提取以前未知的、有价值的模式，比如将数据按照特征分组（聚类分析）、发现异常记录（异常检测）和揭示数据之间的依赖关系（关联规则挖掘、序列模式挖掘）等。下面列举并简要解释数据挖掘的主要任务。

（1）回归（Regression）是使用一系列现有数值确定两种或两种以上变量间相互依赖的定量关系的一种统计分析方法，是一种预测性的建模技术。回归分析按照涉及变量的多少，可分为一元回归分析和多元回归分析；按照因变量的多少，可分为简单回归分析和多重回归分析；按照自变量和因变量之间的关系类型，可分为线性回归分析和非线性回归分析。

根据具体的问题，回归分析可采用较为传统的逻辑回归(Logistic Regression)等方法，也可以采用现代分析技术，如类神经网络或决策树理论等分析工具。

（2）异常检测(Anomaly Detection)可以帮助识别不寻常的数据记录(离群点)，这些不寻常的对象、事件或观测结果有可能是最值得特别关注的数据。比如，不寻常的数据可以帮助发现银行欺诈、结构缺陷、医疗事故或文本中的错误等。

（3）分类(Classification)是根据已分类数据的特征建立模型，对其他未经分类或是新的数据做预测的过程。比如，信用卡管理部门可以根据已有的其他客户的基本信息和还款记录建立模型，用于判断新客户的风险等级；医疗部门可以根据已有的其他病患的症状资料确定患者的病症种类；考勤机可以通过已录入的员工人脸资料识别出当前正在打卡的员工是哪一位；邮件系统可以根据邮件本身的特征来识别是否是垃圾邮件。分类分析的过程是一种有监督的学习过程，具体的实现过程将在后面的章节中给出。

（4）聚类(Clustering)是指对数据记录分组，把相似的记录归集在一个簇(或类)中。聚类和分类的区别是聚集不依赖于预先定义好的类，不需要训练集，是一种无监督的学习过程。比如，电子商务平台可以根据用户的购买行为刻画不同的客户群的特征，以便根据同类客户的购买记录为客户推荐产品。聚类的具体实现过程将在后面的章节中给出。

（5）关联规则(Association Rules)或相关性分组(Affinity Grouping)用来搜索变量之间的关系。广为流传的"尿布与啤酒"的例子就是这类问题的典型代表。超市通过分析大量的购物单发现"同尿布一起购买最多的商品竟是啤酒"，给出的解释是：在家照顾婴儿的妻子们常叮嘱她们的丈夫下班后为小孩买尿布，而丈夫们在买尿布后又随手带回了他们喜欢的啤酒。关联规则的具体实现过程将在后面的章节中给出。

3. 数据挖掘与数据仓库的关系

数据挖掘和数据仓库都是商业智能的重要技术，两者都可以作为决策支持工具，但它们的方法和目标是不同的。数据仓库可以帮助搜集来自多个信息系统(特别是关系型数据库系统)的有用数据，将其整合并存放在专门的储存空间中，为决策提供数据依据；而数据挖掘则是在数据中寻找规律或发现新的知识，为决策提供逻辑依据。在应用实际中，数据挖掘所需的数据也经常是由数据仓库来提供的。

4. 数据挖掘与 OLAP 的关系

数据挖掘和 OLAP 虽然都可以用于发现信息背后的规律，但两者不能相互代替，因为 OLAP 主要用于验证假设，而数据挖掘主要用于发现假设。用户在使用 OLAP 时，需要先提出明确的假设和数据验证的任务(比如是否学历越高收入越高)，然后利用 OLAP 来查证假设是否成立。而用户在应用数据挖掘时，往往并不知道会产生何种结果(比如购物车中的哪些商品可能会有强关联关系)，需要通过算法和工具帮助探索得到结果。

5. 数据挖掘与 KDD 的关系

KDD(数据库知识发现)是从数据集中识别出有效的、新颖的、有潜在价值的以及最终可理解的模式的非平凡过程，其核心环节是数据挖掘。定义中的"非平凡"指的是这个过程需要涉及特定的搜索或推断，而不是简单的统计运算。KDD 将信息变为知识，从大量数据中找到蕴藏其中的新知识。在商业领域，KDD 的主要应用在市场营销、金融(特别是投资)、欺诈检测、电子商务等方面。

数据挖掘是 KDD 流程中的一个步骤。KDD 流程是交互和迭代的，在许多步骤中需要由用户做出决策。KDD 流程如图 4-1 所示。

（1）对应用领域和相关的先验知识进行理解，并从需求的角度确定 KDD 流程的目标。

（2）创建目标数据集，即从数据库中选择特定的数据集，或者从已有数据中确定要关注的变量或数据样本子集，在选定的目标数据集上执行下一步操作。

（3）数据预处理，即分析数据的质量，去除不必要的噪声，确定处理缺失数据字段的策略，并确定将要进行的挖掘操作的类型。

（4）数据转换，即根据任务的目标找到相应的特征来表示数据，通过降维或变换等方法，将数据转换成一个分析模型以适合挖掘算法运行。

（5）数据挖掘，即通过特定的算法和工具对数据进行挖掘。

（6）结果解释与评估，即解释并评估结果，包括提取的模式和模型的可视化。

（7）发现知识，即将知识合并到已有的业务系统中以便进行应用。这个过程还可以包括检查和解决与已有知识的潜在冲突。

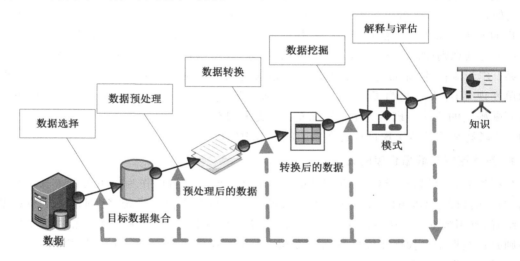

图 4-1　KDD 流程

4.1.2　数据挖掘领域的经典算法

数据挖掘的算法来源于统计学、数据库技术和机器学习等跨学科方法的融合，随着相关理论和需求的发展，各种数据挖掘算法层出不穷。2006 年 12 月，IEEE 国际数据挖掘大会(the IEEE international Conference on Data Mining，ICDM)从 18 种候选算法中评选出了数据挖掘领域的十大经典算法：C4.5、K-Means、SVM、Apriori、EM、PageRank、Adaboost、KNN、NB 和 CART。这些算法在数据挖掘领域都产生了极为深远的影响。以下是对这些算法的简单介绍。

1. C4.5 算法

C4.5 算法通过学习数据来建立决策树，是一种有监督的学习过程。C4.5 算法可以建立从实体的属性值到类别的映射关系，这个映射能用于对新实体进行分类。该算法是从 ID3 算法中衍生出的，它的特点是使用信息增益率来选择属性和进行剪枝，能够对非离散数据和不完整数据进行处理。

2. K-Means 算法

K-Means 算法是一种聚类算法，它把数据点到原型的某种距离作为优化的目标函数，通过迭代运算试图找到数据中自然聚类的中心。K-Means 算法的优点是算法快速、简单，对大数据集有较高的效率并且是可伸缩的。

3. SVM 算法

SVM(Support Vector Machine，支持向量机)算法通过将向量映射到一个更高维的空间并构造一个超平面来分析数据和识别模式，用来进行数据分类和回归分析，是一种有监督的学习过程。SVM 算法在解决小样本、非线性及高维模式识别中表现出了许多特有的优势。

4. Apriori 算法

Apriori 算法是一种挖掘关联规则的算法，其核心思想是通过候选集生成和检测两个阶段来挖掘频繁项集，找到数据之间的关联关系。虽然 Apriori 算法可以通过减少候选集大小来获得良好的性能，但在频繁项集很多或者最小支持度很低的情况下，计算量依然非常巨大。

5. EM 算法

EM 算法(Expectation-Maximization algorithm，最大期望算法)是在概率模型中寻找参数最大似然估计或者最大后验估计的算法。其中，概率模型依赖于无法观测的隐藏变量。该算法常用于机器学习和计算机视觉等领域的数据聚类分析。

6. PageRank 算法

PageRank 算法是 Google 搜索引擎的重要算法，以 Google 创始人之一拉里·佩奇(Larry Page)的姓来命名。PageRank 算法根据网页的外部链接和内部链接的数量和质量来衡量网页的价值。一个网页被链接得越多，就意味着它越重要、等级越高。同时，一个网页的等级也可以影响它所链接的其他网页的等级。PageRank 算法可以比较客观地体现网页的相关性和重要性。

7. Adaboost 算法

Adaboost 算法是一种将多个弱分类器组合为一个强分类器的算法。该算法通过用同一个训练集多次训练不同的分类器(弱分类器)，基于弱分类器的加权错误率更新权重向量，从而进行下一次迭代。多次迭代后将各分类器融合起来，构成最后的决策分类器。Adaboost算法的泛化错误率低，容易实现，可以应用在大部分分类器上。

8. KNN 算法

KNN(K-Nearest Neighbor)算法也称为 K 最近邻算法，是最基本的数据分类算法之一。该算法的思路是：如果一个样本在特征空间中的 K 个最邻近的样本中的大多数属于某一个类别，则该样本也属于这个类别。由于 KNN 算法主要靠周围有限个邻近的样本来计算，因此适用于类域的交叉或重叠较多的待分样本集。

9. NB 算法

NB(Naive Bayesian，朴素贝叶斯)算法是应用最广泛的分类算法之一。朴素贝叶斯算法以贝叶斯定理为基础，假设一个属性值对给定类的影响独立于其他属性的值，通过已有数据样本的统计规律预测未知类别样本的分类概率。朴素贝叶斯算法所需估计的参数很少，对缺失数据不太敏感，算法也比较简单，多用于文本分类，比如垃圾邮件过滤等。

10. CART 算法

CART(Classification And Regression Tree，分类与回归树)算法是一种构建决策树的算法。CART 算法假设决策树是二叉树，左、右子树分别是取值为"是"和"否"的分支。通过递归地二分每个特征，将特征空间划分为有限个单元，并在这些单元上确定预测的概率分布。CART 算法通过树的生成和树的剪枝构建出最终的决策树。CART 算法可以用于分类，也可以用于回归问题。分类树的输出是样本的类别，回归树的输出是一个实数。

以上经典算法并无优劣之分，而应根据具体的应用场景和数据分析需求选择合适的算法。另外，算法本身也并非一成不变的，随着对数据挖掘的理论研究和实际应用，学术界和工程界提出了大量基于经典算法的改进算法，以应对不同领域的实际问题。

本节主要从算法本身的角度来列举其原理和特点。从任务的角度来看，一个分类问题有多个算法可以适用。后面的章节将从任务和应用场景的角度详细介绍其中一些算法的计算过程。

4.2 分 类

分类任务就是确定对象属于哪个预定义的目标分类。分类问题是一个普遍存在的问题，比如人群分类、新闻分类、商品分类、网页分类等。商业智能系统应用分类算法可以进行客户画像、内容推送、市场营销等操作。

本节将对分类的基本概念、常用的分类方法和应用场景进行简要介绍，并对分类方法中较为经典且常用的决策树分类方法进行实际应用操作。

4.2.1 分类概述

分类(Classification)是对现有数据进行学习，得到一个目标函数或规则 f，把每个属性集 x 映射到一个预先定义的类标号 y（即最终划分的几个类别）。目标函数或规则也称为分类模型(Classification Model)。一个模型必须同时具有很好的拟合能力（拟合输入样本数据中类标号和属性集的关系）和泛化能力（模型可以很好地用于测试样本数据）。

分类模型按照目的可分为描述性分类模型和预测性分类模型。描述性分类模型用于获知哪些特征对哪些类别有决定性的作用；预测性分类模型用于预测未知记录的类标号，即一个未知的样本通过分类模型确定它的类别。这里我们主要讨论预测性分类模型。如图 4-2 所示，预测性分类模型可以看作一个黑箱，当给定未知记录的属性集上的值时，它自动地赋予未知样本类标号。

输入 属性集(x) → 分类模型 → 输出 类标号(y)

图 4-2 预测性分类模型

例如，如表 4-1 所示，某银行借贷部门统计了 10 个客户目前的基本情况（属性集包括是否拥有房产、婚姻情况以及年收入），并已知这些客户是否有能力偿还债务。

表 4-1　基本情况数据集

ID	拥有房产(是/否)	婚姻情况 (单身/已婚/离婚)	年收入/千元	可以偿还债务 (是/否)
1	是	单身	125	是
2	否	已婚	100	是
3	否	单身	75	否
4	是	已婚	120	是
5	否	离婚	95	是
6	否	已婚	60	是
7	是	离婚	220	是
8	否	单身	80	否
9	否	已婚	75	是
10	否	单身	90	是

根据这些数据可以建立一个分类的判断标准(用 If-Then 规则表示)如下：

If 拥有房产

　　Then 可以偿还债务

Else

　　　　If 婚姻情况＝已婚

Then 可以偿还债务

Else

　　If 年收入＞＝85

　　　　Then 可以偿还债务

　　Else 无法偿还债务

　　End if

该规则说明：如果为拥有房产者，则是可以偿还债务的；若为不拥有房产者，其中婚姻情况为已婚者，则是可以偿还债务的，其中婚姻情况为非已婚者(单身或离婚)且年收入超过 85 千元，则是可以偿还债务的；否则是无法偿还债务的。

给出新的一个人(ID 为 11)的属性数据，如表 4-2 所示。

表 4-2　ID 为 11 的人的属性数据集

ID	拥有房产(是/否)	婚姻情况 (单身/已婚/离婚)	年收入/千元	可以偿还债务 (是/否)
11	否	单身	120	?

根据规则判断这个新人(ID 为 11)的属性。首先其为不拥有房产者，其婚姻情况为非已婚者(单身)且年收入超过 85 千元，因此，判断结果为这个人是可以偿还债务的。

上例的规则也可以采用树形结构可视化地表达。实际上，这种树形的表达方式非常适合用决策树算法来实现，如图 4-3 所示。

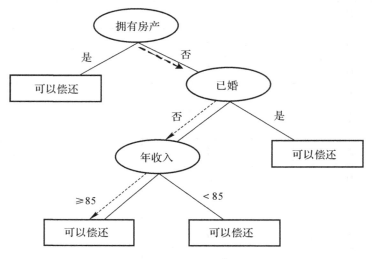

图 4-3 决策树分类模型

决策树是一种树形结构，其中每个内部节点表示一个属性上的测试，每个分支表示一次选择，每个叶节点代表一种类别。决策树只有突发节点(分裂路径)，而没有汇聚节点(收敛路径)。

决策树分类模型可以预测出 ID 为 11 的客户是否能偿还债务(虚线为预测路径)，还可以帮助了解哪些因素决定了用户是否可以偿还债务，对业务具有指导意义。

由于上述示例中包含的数据量和数据属性很少，所以比较容易"挖掘"出其中的分类逻辑。当遇到较为复杂的数据时，手工建立分类预测模型就相当困难了，需要使用专门的软件来实现。

描述性分类模型要求模型可以在最大程度上符合训练集，而预测性分类模型则要求模型在未知数据上有较好的预测能力。因此训练误差不是唯一的判别标准，其主要目标就是建立具有很好的泛化能力的模型，即建立能够准确预测未知样本类标号的模型。

因此，在训练分类模型的时候，我们通常将数据划分成训练集和测试集。其中，训练集由类标号已知的记录组成，用于建立模型，如图 4-4 所示；测试集由类标号未知的记录组成，用于检验模型的泛化能力。除了分类模型，建立其他有监督的模型算法时一般也需要划分成训练集和测试集。

分类模型的性能根据模型正确和错误预测的检验记录计数进行评估，这些计数存放在称作混淆矩阵(Confusion Matrix)的表格中。表 4-3 给出了二元分类问题的混淆矩阵。表中，a、b、c、d 表示类的实际标号"正"或"负"时被正确或错误预测的记录数。例如，c 代表原本属于"负"类但被误分为"正"类的记录数。

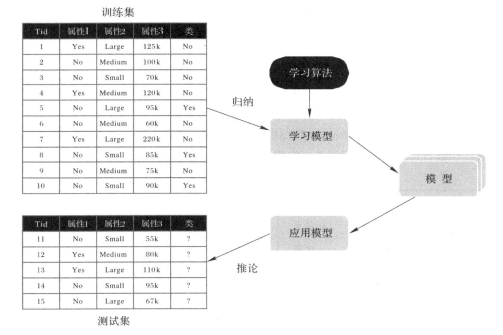

图 4 - 4　划分数据集进行模型的训练和测试

表 4 - 3　二元分类问题的混淆矩阵

训练集		预测（Predicted）	
		＋	－
实际（Actual）	＋	a	b
	－	c	d

按照混淆矩阵中的各项可知，被分类模型正确预测的样本总数是 $a+d$，而被错误预测的样本总数是 $b+c$。从混淆矩阵延伸出的评价指标包括：

（1）正确率：正确预测数除以预测总数，即 $(a+d)/(a+b+c+d)$；

（2）错误率：错误预测数除以预测总数，即 $(b+c)/(a+b+c+d)$；

（3）精确率：正确预测为正类的样本数除以预测为正类的数目，即 $a/(a+c)$；

（4）召回率：正确预测为正类的样本数除以实际为正类的数目，即 $a/(a+b)$。

4.2.2　分类方法——以决策树为例

分类是一种有监督的学习，根据不同的情况可以使用（朴素）贝叶斯、决策树、逻辑回归、KNN、SVM、神经网络、随机森林等算法来实现。本节将以分类方法中的经典算法——决策树算法为例，通过使用 SPSS Moderler 18.0 工具进行实例操作分析。

决策树算法最早源于人工智能的机器学习技术，用以实现数据内在规律的探究和新数据对象的分类预测。因为其核心算法较为成熟，所以很早就被各类智能决策系统所采纳。后来也正因决策树算法具有出色的数据分析能力和直观易懂的结果展示，被纳入数据挖掘的范畴之中，成为最为广泛的分类预测算法之一。

决策树的鼻祖 ID3 算法是昆兰(J. R. Quinlan)在 1979 年提出的，后来经过不断改善形成了具有里程碑意义的 C4.5 算法。C5.0 是 C4.5 算法的商业化版本，其核心与 C4.5 相同，只是在执行效率和内存使用方面有所改进。

C5.0 用于建立多叉的分类树。它要求输入变量是分类型或数值型，输出变量为分类型。C5.0 以信息增益率为标准确定决策树分类准则，寻找最佳分组变量和分割点。Modeler 的 C5.0 算法通过"建模"选项卡中的"C5.0"节点来实现。

本示例数据选自 SPSS Modeler 中所提供的示例数据(文件名为 tree_credit. sav)，包含客户基本信息和银行贷款历史数据等 6 个字段，共 2646 条数据。字段类型定义如表 4-4 所示。

表 4-4　字段类型定义

字段	标签	测量	值	角色
Credit_rating	Credit rating	名义	{0，Bad}、{1，Good}	目标
Age	Age	度量	{24.12，31.8，43.03，…}	输入
Income	Income level	有序	{1, Low}、{2, Medium}、{3, High}	输入
Credit_cards	Number of credit cards	名义	{1, Less than 5}、{2, 5 or more}	输入
Education	Education	名义	{1, High school}、{2, College}	输入
Car_loans	Car loans	名义	{1, None or 1}、{2, more than 2}	输入

分析目标是：利用 C5.0 算法，建立决策树分类模型并进行评估，研究哪些因素显著影响用户信用的好坏。具体操作步骤如下：

(1) 导入源文件"tree_credit. sav"，部分数据如表 4-5 所示。设置数据类型，将"Credit_rating"设置为输出变量，将除"ID"以外的变量设置为输入变量。

表 4-5　部分数据展示

ID	Credit_rating	Age	Income	Credit_cards	Education	Car_loans
1	0	24.12	2	2	2	2
2	0	31.80	1	2	1	2
3	0	43.03	1	2	2	2
4	0	22.10	2	2	2	2
5	1	34.20	3	1	1	1
6	0	39.98	3	2	2	2
7	0	31.48	2	1	1	1
8	0	23.64	1	2	1	2
9	0	23.45	3	2	1	2
10	1	28.57	1	2	2	2
11	1	34.68	2	1	2	1
12	1	29.58	2	1	1	1

续表

ID	Credit_rating	Age	Income	Credit_cards	Education	Car_loans
13	1	35.52	2	2	2	2
14	0	22.22	2	1	2	1
15	1	37.39	1	2	1	2
…	…	…	…	…	…	…

（2）对数据进行分区操作，将数据分为 70% 训练数据和 30% 测试数据。根据训练集进行构建模型，在多次反复训练模型后，根据输入变量的重要性排序，移除相对不重要的变量。数据分区完成后，就完成了数据准备工作。

（3）建立决策树 C5.0 分类模型，并且在决策树模型产生后，加入分析节点和评估图表，如图 4-5 所示。在分析节点中勾选重合矩阵选项，因此，除了分析节点原本就提供的正确错误率比较外，可进一步了解实际值与预测值的比较矩阵。

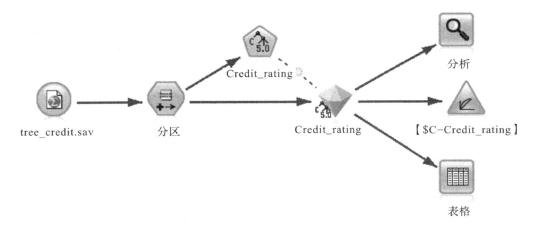

图 4-5　建立决策树 C5.0 分类模型

模型结果如图 4-6 所示。模型结果使用树状结构，包括分类结果、实例数字和置信度。当分类的实例置信度较高时，可导出预测规则。例如图 4-6 中阴影部分的规则为：当 Income level 为 Low 时（Number of credit cards＝1.000（标签"1.000"的值为"Less than 5"），其预测结果是信用等级为"Good"），实例数字为 63 笔数据符合，其中 55.6% 被正确预测。

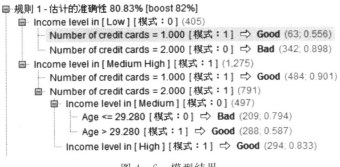

图 4-6　模型结果

　　软件导出的决策树分类模型如图4-7所示。可以看出，用户收入水平（Income level）是影响信用好坏（Credit_rating）的最关键因素，其次是所持信用卡数量（Number of credit cards）和使用时间（Age）。教育水平（Education）没有进入决策树，对用户信用好坏的影响很小。由图4.7还可以发现，收入水平低且办卡数量多于5张的用户其信用水平为"Bad"，高达89.766%；收入水平为中高等且办卡数量少于5张的用户其信用水平为"Good"，高达90.083%。这说明办卡的数量对不同收入水平用户的信用有很大影响，具有一定的参考价值。

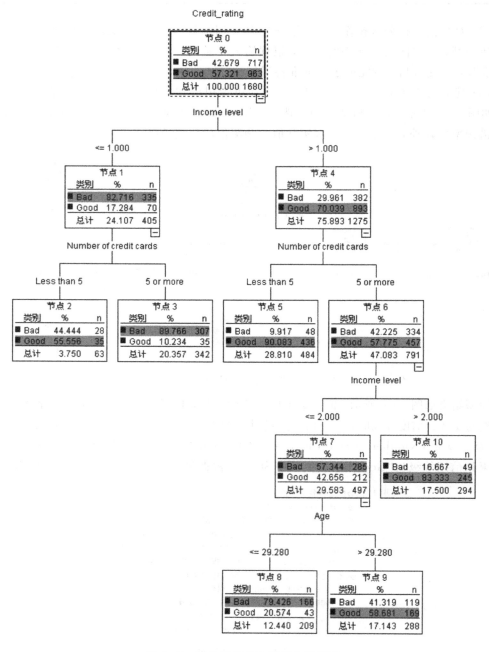

图4-7　软件导出的决策树分类模型

（4）对决策树模型的分析结果进行评估。如表 4-6 及表 4-7 所示，从训练集和测试集的混淆矩阵计算结果来看，模型性能度量如下：训练集的正确率为 82.02%，错误率为 17.98%，精确率为 81.33%，召回率为 89.10%；测试集的正确率为 80.48%，错误率为 19.52%，精确率为 80.48%，召回率为 90.02%。不论是训练数据还是测试数据，决策树分类模型的正确率、精确率和召回率都较高，错误率较低，说明模型性能较好。

表 4-6　训练集模型评估结果

训练集		预测（Predicted）	
		+	−
实际（Actual）	+	858(*a*)	105(*b*)
	−	197(*c*)	520(*d*)

正确率：$\dfrac{a+d}{a+b+c+d}=\dfrac{858+520}{858+105+197+520}=82.02\%$

错误率：$\dfrac{b+c}{a+b+c+d}=\dfrac{105+197}{858+105+197+520}=17.98\%$

精确率：$\dfrac{a}{a+c}=\dfrac{858}{858+197}=81.33\%$

召回率：$\dfrac{a}{a+b}=\dfrac{858}{858+105}=89.10\%$

表 4-7　测试集模型评估结果

训练集		预测（Predicted）	
		+	−
实际（Actual）	+	433(*a*)	48(*b*)
	−	105(*c*)	198(*d*)

正确率：$\dfrac{a+d}{a+b+c+d}=\dfrac{433+198}{433+48+105+198}=80.48\%$

错误率：$\dfrac{b+c}{a+b+c+d}=\dfrac{48+105}{433+48+105+198}=19.52\%$

精确率：$\dfrac{a}{a+c}=\dfrac{433}{433+105}=80.48\%$

召回率：$\dfrac{a}{a+b}=\dfrac{433}{433+48}=90.02\%$

4.3 聚 类

4.3.1 聚类分析概述

1. 聚类分析的定义

聚类分析是指对一组对象进行分组，使得同一组（称为簇）中的对象与其他组中的对象相似性更高。组内的相似性越大，组间差别越大，聚类结果就越好。聚类分析是一种探索性数据挖掘，可用于机器学习、模式识别、图像分析、信息检索、生物信息学、数据压缩和计算机图形学等众多领域。

聚类需要考虑簇成员之间的距离值、数据空间的密集区域、特殊的统计分布等问题，因此聚类可以被表述为多目标优化问题。聚类算法的参数设置（例如要使用的距离函数、密度阈值或期望聚类的数量）取决于数据集自身特征及期望的输出结果。

不同的算法在理解簇的构成及如何聚类方面存在显著差异，因此，簇没有一个精确的定义，但所有算法得到的簇都是一组数据对象。图4-8所示为聚类过程示意图。该图显示了将坐标轴中的若干点划分成簇的两种不同方法，椭圆中所含的点代表点的簇隶属关系。图4-8(b)、(c)分别将点划分为两个簇和三个簇，表明簇的定义是不精确的，而最好的定义依赖于数据的特性和期望的结果。

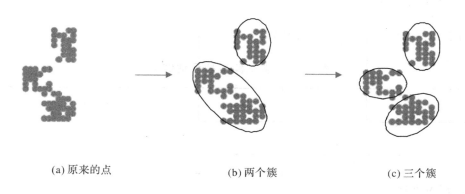

(a) 原来的点　　　　　　　　(b) 两个簇　　　　　　　　(c) 三个簇

图4-8　聚类过程示意图

聚类本质上是一组包含数据集中所有对象的簇，它可以指定集群彼此的关系，如彼此嵌入的集群的层次结构。聚类可以大致分为如下两类：

(1) 硬聚类：每个对象都属于一个簇；

(2) 软聚类（也称模糊聚类）：每个对象在一定程度上属于一个簇。

2. 主要的聚类算法

已发布的聚类算法有多种，下面仅列出了最常用的聚类算法。聚类算法没有简单的优劣之分，通常需要通过实验为特定问题选择最合适的聚类算法。应该指出的是，为一种模型设计的算法通常会在另外一种完全不同的模型的数据集中失败。例如，K-Means算法无法找到非凸簇。

1）基于连通性的聚类

基于连通性的聚类也称为层次聚类（Hierarchical Clustering），其核心思想是：某个对象和附近对象的关系比与远处的对象更相关。该算法根据距离将对象连接起来形成簇，不同的距离将形成不同的簇，可以使用树状图来表示。在树状图中，y 轴标记簇合并的距离，x 轴表示对象。基于连通性的聚类算法不提供数据集的单个分区，而是提供广泛的层次结构，故称为层次聚类。

2）基于质心的聚类

在基于质心的聚类中，聚类由中心向量表示，该中心向量不一定是数据集的成员。其代表方法是 K-Means 算法：当簇的数量固定为 k 时，选择 k 个质心并将对象分配到最近的质心，使得每个对象到其邻近簇质心距离的平方最小。

3）基于分布的聚类

基于分布的聚类是与统计最密切相关的聚类模型。数据集可以很轻松地划分到最可能的同一分布。该方法非常类似于人工数据集的生成方式——从分布中随机抽取样本。

虽然该方法的理论基础非常好，但是若不对模型的复杂性施加约束，则将会遇到过度拟合问题。复杂性高的模型通常能够更好地解释数据，这样如何选择合适的复杂性模型又成为一个难题。高斯混合模型（使用期望最大化算法）便是该问题的解决方法。数据集通常用固定数量的高斯分布建模以避免过度拟合，这些高斯分布是随机初始化的，并且为了更好地拟合数据集，其参数被迭代优化及收敛到局部最优，因此多次运行可能会产生不同的结果。

基于分布的聚类为捕获数据集属性之间的相关性和依赖性而生成复杂模型。然而，对于许多真实数据集，可能简单的聚类模型便可满足需求，复杂模型反而增加了算法的复杂度。

4）基于密度的聚类

在基于密度的聚类中，密度高于数据集其余部分的区域为簇，低密度区域中的对象通常被认为是噪声点。

最典型的基于密度的聚类方法是 DBSCAN(Density-Based Spatial Clustering of Applications with Noise)算法。DBSCAN 算法基于特定距离阈值内的连接点进行聚类，但是它仅连接满足密度标准的点，即对给定簇中的每个数据点，在给定半径 ε 的邻域中至少包含最少数目的点，通常称这样的点为核心点。

任意两个足够靠近的核心点将被放在同一个簇中，同样地，任何与核心点足够靠近的边界点也将被放到与核心点相同的簇中，噪声点被丢弃。

DBSCAN 算法复杂性相当低，它是相对抗噪声的，并且能够处理任意形状和大小的簇。但对高维数据，DBSCAN 处理起来很麻烦。OPTICS(Ordering Points To Identify the Clustering Structure)是 DBSCAN 算法的推广，它不直接进行数据聚类，而是为聚类分析生成一个增广的簇排序，这个排序代表了各样本点基于密度的聚类结构，从这个排序中可以得到基于任何参数的 DBSCAN 算法的聚类结果。

4.3.2 聚类分析方法——以 K-Means 算法为例

1. K-Means 算法的原理

K-Means 算法(也称 K 均值算法)的目的是将 n 个对象划分为 k 个簇，其中每个对象属于距离质心最近的簇。给定一组观测值(X_1，X_2，…，X_n)，其中每个观测值是 d 维实数向量，K-Means 算法旨在将 n 个观测值划分为 k ($k \leqslant n$)个集合 $S = \{S_1$，S_2，…，$S_k\}$，以便最小化簇内的误差平方和(即方差)，目标是找到 $\min E$，其公式如下：

$$\min E = \sum_{i=1}^{k} \sum_{X \in S_i} \| X - \mu_i \|^2 \qquad (4-1)$$

其中，μ_i 是集合 S_i 的质心。该公式表示计算每个簇中的每个对象到其簇中心的距离的平方，然后求和。因为总方差是常数，所以求簇内对象的最小误差平方和相当于求不同簇中对象间的最大误差的平方和。距离的计算方法众多，常用的有欧几里得距离、曼哈顿距离、切比雪夫距离等，可根据需求选择不同的距离计算方法。

使用 K-Means 算法聚类的步骤如下：

(1) 随机选择 k 个点作为初始质心；

(2) 将每个点指派到最近的质心，形成 k 个簇；

(3) 根据每个簇包含的对象，重新计算每个簇的质心；

(4) 重复步骤(2)、(3)，直到质心不发生改变。

例 4.1 对坐标表示的 5 个二维样本点$\{X_1$，X_2，X_3，X_4，$X_5\}$作聚类分析，其中 $X_1 = (0，2)$，$X_2 = (0，0)$，$X_3 = (1.5，0)$，$X_4 = (5，0)$，$X_5 = (5，2)$。假设要求的簇的数量 $k = 2$。

解 第一步：由样本的分布形成两个簇，即

$$C_1 = \{X_1，X_2，X_4\}，\quad C_2 = \{X_3，X_5\}$$

这两个簇的质心是 M_1、M_2：

$$M_1 = \left\{ \frac{0+0+5}{3}，\frac{2+0+0}{3} \right\} = \{1.66，0.66\}$$

$$M_2 = \left\{ \frac{1.5+5}{2}，\frac{0+2}{2} \right\} = \{3.25，1.00\}$$

第二步：样本初始随机分布之后，方差是

$$E_1^2 = [(0-1.66)^2 + (2-0.66)^2] + [(0-1.66)^2 + (0-0.66)^2] + [(5-1.66)^2 +$$
$$(0-0.66)^2]$$
$$= 19.33$$
$$E_2^2 = 8.13$$

总体的平均误差是

$$E^2 = E_1^2 + E_2^2 = 27.46$$

第三步：取距离其中一个质心(M_1 或 M_2)最近的样本，将簇内的样本重新分布，即

$$D(M_1，X_1) = \sqrt{(0-1.66)^2 + (2-0.66)^2} = 2.14，\quad D(M_2，X_1) = 3.40 \quad \rightarrow X_1 \in C_1$$

$$D(M_1，X_2) = 1.79，\quad D(M_2，X_2) = 3.40 \rightarrow X_2 \in C_1$$

$$D(M_1, X_3) = 0.83, \quad D(M_2, X_3) = 2.01 \rightarrow X_3 \in C_1$$
$$D(M_1, X_4) = 3.41, \quad D(M_2, X_4) = 2.01 \rightarrow X_4 \in C_2$$
$$D(M_1, X_5) = 3.606, \quad D(M_2, X_5) = 2.01 \rightarrow X_5 \in C_2$$

形成新簇：

$$C_1 = \{X_1, X_2, X_3\}, \quad C_2 = \{X_4, X_5\}$$

第四步：计算新的质心，得

$$M_1 = \{0.5, 0.67\}, \quad M_2 = \{5.0, 1.0\}$$

相应的方差及总体平方误差分别是

$$E_1^2 = 4.17, \quad E_2^2 = 2.00, \quad E^2 = 6.17$$

可以看出，第一次迭代之后，总体误差显著减小，依次迭代下去，直到点所属的簇不发生改变为止。

K-Means 算法虽然被广泛应用，但其本身也具有一定的局限性：① 数据必须进行预处理以排除度量指标上的不同；② 每个变量的权重是相同的，变量的重要性是一样的；③ 必须事先给定生成簇的个数；④ 可能收敛到局部最优，对大规模数据收敛速度慢。

2. 使用 IBM SPSS Modeler 对数据进行聚类分析

Modeler 提供了多种可用于聚类分析的算法，如 Kohonen 算法、K-Means 算法、两步聚类算法，本书使用 K-Means 算法对 Modeler 自带数据 BASKETS1n 进行聚类分析。该数据由超市购买者的信息和购买的商品信息组成，一共有 1000 条，包含 18 个字段，如表 4-8 所示。通过该数据明确经常来购物的超市顾客的种类，便于超市在日后进行营销活动时能精准定位目标客户。

表 4-8 字段类型定义

字段	测量	值	角色	字段	测量	值	角色
cardid	度量	[10150, 109884]	输入	dairy	标志	T/F	输入
value	度量	[10.007, 49.8863]	输入	cannedveg	标志	T/F	输入
pmethod	名义	CARD, CASH, CHEQUE	输入	cannedmeat	标志	T/F	输入
sex	标志	M/F	输入	frozenmeal	标志	T/F	输入
homeown	标志	YES/NO	输入	beer	标志	T/F	输入
income	度量	[10200, 30000]	输入	wine	标志	T/F	输入
age	度量	[16, 50]	输入	softdrink	标志	T/F	输入
fruitveg	标志	T/F	输入	fish	标志	T/F	输入
freshmeat	标志	T/F	输入	confectionery	标志	T/F	输入

（1）读入数据。由"可变文件"读入数据，使用数据"BASKETS1n"，读入数据方式如图 4-9 所示。

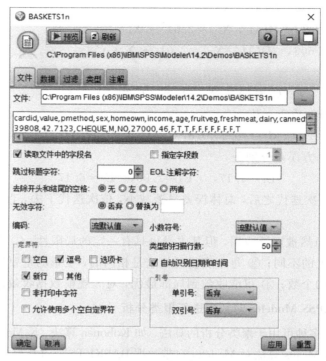

图 4-9 读入数据

（2）设置数据。由于本例仅分析购买者的信息，与购买商品无关，因此过滤掉所有的商品字段，通过编辑"类型"节点对数据字段进行设置。在聚类算法中，所有参与聚类的字段在设置字段格式时角色均为"输入"。类型节点设置如图 4-10 所示。预览过滤后的购物篮数据，如表 4-9 所示。

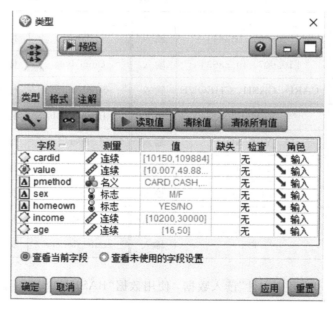

图 4-10 类型节点设置

表 4 - 9　过滤后的购物篮数据

cardid	value	pmethod	sex	homeown	income	age
39808	42.7123	CHEQUE	M	NO	27 000	46
67362	25.3567	CASH	F	NO	30 000	28
10872	20.6176	CASH	M	NO	13200	36
26748	23.6883	CARD	F	NO	12200	26
91609	18.8133	CARD	M	YES	11000	24
26630	46.4867	CARD	F	NO	15000	35
62995	14.0467	CASH	F	YES	20800	30
38765	22.2034	CASH	M	YES	24400	22
28935	22.975	CHEQUE	F	NO	29500	46
41792	14.5692	CASH	M	NO	29600	22
…	…	…	…	…	…	…

（3）准备数据。对 K-Means 节点进行编辑，在编辑 K-Means 节点时我们重点需要设定要得到的簇的个数，在"聚类数"中设定簇的个数，如图 4 - 11 所示。

由图 4 - 12(a)可得，聚类模型使用 K-Means 方法进行聚类，输入了三个字段，形成了两个簇，凝聚和分离的平均轮廓为 0.3，聚类质量较好。由图 4 - 12(b)可得，所得的两个簇的占比分别为 43.2％和 56.8％。

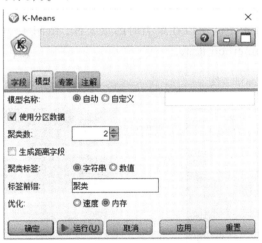

图 4 - 11　设定簇的个数

（4）运行模型。数据流建立好之后，运行 K-Means 节点以执行该数据流，执行结果将以与 K-Means 同名的节点显示在数据流中，该节点包含聚类模型的概要和聚类信息。由预测变量的重要性可再次过滤掉 cardid、value、income、age 四个字段，仅保留 pmethod、sex、homeown 三个字段进行聚类分析。最终的模型数据流图如图 4 - 13 所示，得到的模型概要和聚类结果分别如图 4 - 12 和图 4 - 14 所示。

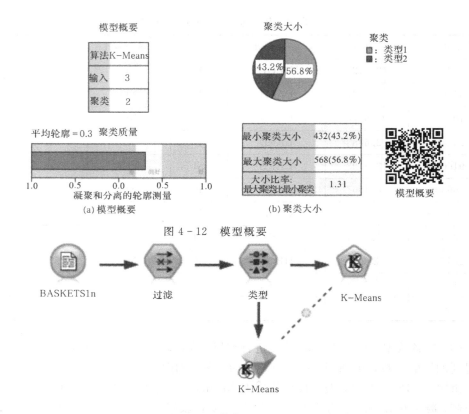

(a) 模型概要　　　　　　　　(b) 聚类大小

图 4 - 12　模型概要

图 4 - 13　数据流图

由图 4 - 14(a)可得输入为不同字段时个体所属簇的分布情况，根据该表格可对聚类结果贴标签。图 4 - 14(b)表示不同字段在聚类时的重要性。由图 4 - 14(b)可知，homeown 的重要性最高，sex 次之，pmethod 最低。

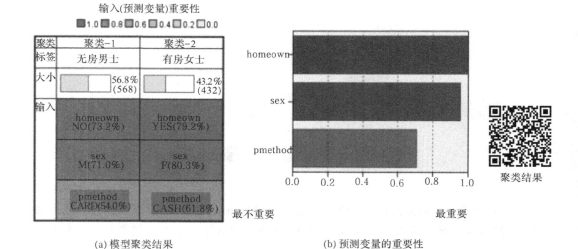

(a) 模型聚类结果　　　　　　　　(b) 预测变量的重要性

图 4 - 14　聚类结果

由以上的聚类分析结果可以得出结论，该超市的购物者大体可以分为两类：无房男士（以现金为主要支付方式）和有房女士（以信用卡为主要支付方式）。

4.4　关　联　分　析

4.4.1　关联分析概述

假定你是超市的部门经理，希望了解顾客会同时购买哪些商品，以便优化超市的布局，制订合理的营销策略。这就是关于数据挖掘广泛流传的"尿布与啤酒"的案例来源。

通过对零售端数据的分析，超市可以把经常购买的商品摆放在一起（比如洗发水和护发素），以便刺激商品同时销售。超市还可以根据分析结果反其道而行之：把经常一起购买的商品摆放得距离稍微远一些。比如，顾客为了同时购买到牙膏和牙刷，需要花更长时间在超市停留，可能会促进超市中其他产品的销量。

对购物篮数据进行分析的方法是关联规则（Association Rule）。关联规则还可以应用在其他领域，包括 Web 挖掘、入侵检测、连续生产和生物信息学等。

关联规则算法是一种基于规则的机器学习方法，用于在大量数据中发现变量之间的关系。

关联规则的分析对象称为事务（Transaction）。例如，顾客的购物行为就是一种事务。

设 $I=\{i_1, i_2, \cdots, i_n\}$ 是购物篮数据中所有项的集合，$D=\{t_1, t_2, \cdots, t_m\}$ 是所有事务的集合，即 m 条购物记录的集合。集合 I 中每笔交易 t 都有一个事务 ID 和一个 I 的子集（可以理解为每笔交易 t 包括一个交易编号和所购买的商品）。

在关联分析中，包含 0 个或者多个项的集合被称为项集（Itemset）。如果一个项集包含 k 个项，则称它为 k-项集。例如，{啤酒，尿布}是一个 2-项集。空集是不包含任何项的项集。

关联规则是形如 X、Y 的蕴涵式，其中 $X, Y \subseteq I$，$X \cap Y = \varnothing$。例如，{黄油，面包}{牛奶}，该规则表示顾客买了黄油和面包的同时也买了牛奶。

例 4.2　表 4-10 给出了超市购物数据示例，每一行表示超市的一次购物交易，项集 $I=\{$牛奶，面包，黄油，啤酒，尿布$\}$，其中值为 1 表示购买了该列的商品，值为 0 表示没有购买该列的商品。

表 4-10　超市购物数据示例

交易编号	牛奶	面包	黄油	啤酒	尿布
1	1	1	0	0	0
2	0	0	1	0	0
3	0	0	0	1	1
4	1	1	1	0	0
5	0	1	0	0	0

通过分析购买行为，我们可以从数据中发现多种商品被同时购买的规律。可以想象，当数据量非常庞大的时候，会产生很多商品被同时购买的记录。关联规则并不只是简单地发现哪些商品被同时购买，而是要找到那些经常被同时购买的商品之间的关联关系。也就是说，并非所有的关联规则都是有效的。

因此，在进行关联分析时，需要借助有效性指标来帮助判断该规则是否有效。最常用的指标主要有以下三个：支持度（Support）、置信度（Confidence）和提升度（Lift）。

（1）支持度表示项目集在数据集中出现的频率。数学上，项集 X 的支持度计数 $\sigma(X)$ 可以表示为

$$\sigma(X) = |\{t_i | X \subseteq t_i, t_i \in D\}|$$

其中，符号 $|\cdot|$ 表示集合中元素的个数。对于规则支持度，其数学表达式为

$$\text{Supp}(X \Rightarrow Y) = \frac{\sigma(X \bigcup Y)}{m}$$

在表 4-10 中，对于规则 {牛奶，面包} ⇒ {黄油}，由于项集 {牛奶，面包，黄油} 的支持度计数是 1，事务的总数为 5，所以该规则的支持度为 1/5＝0.2。

从商务角度来看，低支持度的规则多半是无意义的。

（2）置信度是对关联规则准确度的测量，描述了通过规则进行推理的可靠性，其数学表达式为

$$\text{Conf}(X \Rightarrow Y) = \frac{\sigma(X \bigcup Y)}{\sigma(X)}$$

对于规则 $X \Rightarrow Y$，置信度越高，Y 在包含 X 的事务中出现的可能性越大。

在表 4-10 中，对于规则 {牛奶} ⇒ {面包}，项集 {牛奶，面包} 的支持度计数为 2，项集 {牛奶} 的支持度计数为 2，所以该规则的置信度为 2/2＝1，这表示顾客购买牛奶的同时，百分之百会购买面包。

（3）提升度（Lift）是规则置信度和后项支持度的比值。它反映了相比于总体，后项 Y 受到前项 X 的影响程度。数学表达式为

$$\text{Lift}(X \Rightarrow Y) = \frac{\sigma(X \bigcup Y)}{\sigma(X) \times \sigma(Y)}$$

当 $\text{Lift}(X \Rightarrow Y) > 1$ 时，表示前项对后项具有正相关关系；当 $\text{Lift}(X \Rightarrow Y) < 1$ 时，认为前项对后项具有负相关关系；当 $\text{Lift}(X \Rightarrow Y) = 1$ 时，表示前项与后项相互独立，若两个事务是相互独立的，则不存在相关规则。

在表 4-10 中，对于规则 {牛奶} ⇒ {面包}，项集 {牛奶，面包} 的支持度计数为 2，项集 {牛奶} 的支持度计数为 2，项集 {面包} 的支持度计数为 3，则其提升度为 2/(2×3)＝1.67。

因为 1.67＞1，所以牛奶与面包具有正相关关系。

一般情况下，一个好的关联规则应当同时具备高支持度和高置信度，而且只有当支持度大于等于 minSupp 并且置信度大于等于 minConf 时，关联规则才被认为是有效的。这里的 minSupp 和 minConf 是对应的支持度和置信度的阈值。

对数据进行关联分析时，需要注意以下三个关键问题：

（1）强关联规则并不总是有效的，还需要和原来的先验概率进行比较。在某些情况下，

很多具有高支持度和高置信度的规则还需要同时考虑提升度指标。

（2）当两组项目出现概率相差非常大时，得到的关联规则很可能是没有意义的。

（3）关联规则只是条件概率，两件事情相关并不代表它们之间存在因果关系。

关联规则的相关算法包括 Apriori 算法、基于划分的算法和 FP-树频集算法等。下面以常用的 Apriori 算法展示用软件进行关联规则计算的过程。

4.4.2　关联分析算法——以 Apriori 算法为例

Agrawal 和 Srikant 于 1994 年提出了 Apriori 算法。Apriori 算法是一种用于事务数据库中频繁项集挖掘和关联规则学习的算法。它先在数据库中找到频繁出现的单个项，然后逐渐扩展找到越来越大的频繁项集，并在此基础上找到关联关系。

所谓频繁项集，是指包含 k 个项目的项集 N，如果其支持度大于指定的最小支持度，则称项集 N 为频繁项集，也称为频繁 k-项集，记为 F_k。

Apriori 算法使用"自下而上"的方法，每次迭代时在已有的频繁项集中增加一个项目，从而构成一系列新的候选项集；然后对这些候选项集进行数据测试，找到新的频繁项集；当所有的频繁项集都无法扩展出新的频繁项集时，该算法将终止。

先验原理　如果一个项集是频繁的，则它的所有子集一定也是频繁的。如图 4-15 所示，假定 $\{b, c, d\}$ 是频繁项集，显而易见，任何包含项集 $\{b, c, d\}$ 的事务一定包含它的子集 $\{b, c\}$、$\{b, d\}$、$\{c, d\}$、$\{b\}$、$\{c\}$ 和 $\{d\}$。这样，如果 $\{b, c, d\}$ 是频繁的，则它的所有子集（图 4-15 中的阴影项集）一定也是频繁的。

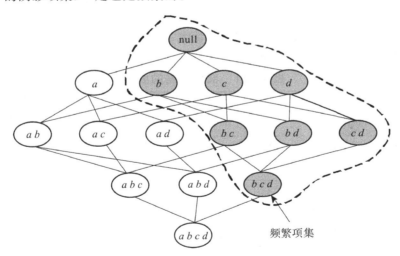

图 4-15　先验原理图示

例 4.3　Apriori 算法主要分为两部分，以表 4-10 为例，给定最小支持度计数为 1，最小置信度为 70%，则其具体步骤如下：

（1）生成频繁项集。初始时每个项都被看作候选 1-项集。对它们的支持度进行计数之后，候选项集｛啤酒｝和｛尿布｝被丢弃，因为它们出现的事务小于等于 1 个。下一次迭代仅使用频繁 1-项集来产生候选 2-项集，因为先验原理保证所有非频繁的 1-项集都是非频繁的。由于只有 3 个频繁 1-项集，因此算法产生的候选 2-项集的数目为 $C_3^2=3$。计算它们的支持度值后，发现这 3 个候选项集中的 2 个{牛奶，黄油}和{面包，黄油}是非频繁的。剩下的 1 个候选项集是频繁的，因此用来产生候选 3-项集。依据先验原理，只需要保留其子集都是频繁子集的候选 3-项集。具有这种性质的唯一候选是{牛奶，面包}，具体生成过程如图 4-16 所示。

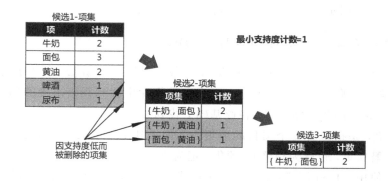

图 4-16 频繁项集生产过程

（2）生成关联规则。对于每个频繁项集，计算其所有子集的置信度，最终生成关联规则。例如，对于规则{牛奶}⇒{面包}，其置信度为 $2/2 \times 100\% = 100\%$。因其置信度大于最小置信度，故可认为其属于有效关联。

在本节中，主要使用 SPSS Modeler 自带的"BASKETS1n"数据中后 11 条字段数据对客户的购买行为进行关联分析，从而有效地安排商场物品的摆放，促进商场的销售。具体步骤如下：

（1）创建"可变文件"节点，以读取数据，如图 4-9 所示。

（2）创建"表"节点，部分信息如表 4-11 所示。

表 4-11 部分数据的展示

cardid	...	fruit-veg	fresh-meat	dairy	canned-veg	canned-meat	frozen-meal	beer	wine	soft-drink	fish	con-fectionery
39808	...	F	T	T	F	F	F	F	F	F	F	T
67362	...	F	T	F	F	F	F	F	F	F	F	T
10872	...	F	F	F	T	F	T	T	F	F	F	F
26748	...	F	F	T	F	F	F	F	T	F	F	F
91609	...	F	F	F	F	F	F	F	F	F	F	F
26630	...	F	T	F	F	F	F	F	F	F	F	F
62995	...	T	F	F	F	F	F	F	F	F	F	F
38765	...	F	F	F	F	F	F	T	F	F	F	F
28935	...	T	F	F	F	F	T	F	F	F	F	F
41792	...	T	F	F	F	F	F	F	F	F	T	F
...	...	...	...	...	...	...	...	...	...	...	...	...

（3）创建"类型"节点。类型节点显示和设置数据每个字段的类型、格式和角色。由于运用关联分析只对客户的购买行为进行分析，并不对整个数据字段进行分析，所以把输入输出"方向"选项卡中一些关于客户基本信息的字段设置为"无"，将需要分析的客户购买行为的字段方向设置为"两者"（说明该角色既可作为前项，也可作为后项），如图4-17所示。

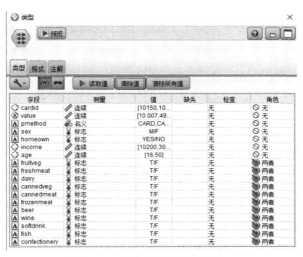

图4-17 "类型"节点编辑窗口

（4）创建"Apriori"模型节点并运行。关联规则模型的流图如图4-18所示。运行结果如图4-19所示，得到结果如下：

前项：beer，cannedveg；后项：frozenmeal；支持度：16.7%，置信度：87.425%。

前项：beer，frozenmeal；后项：cannedveg；支持度：17.0%，置信度：85.882%。

前项：frozenmeal，cannedveg；后项：beer；支持度：17.3%，置信度：84.393%。

客户在购买 frozenmeal 之前，可能已经购买了 beer 或 cannedveg，也就是说客户同时购买这三个商品的概率很高。所以，商场可以把这三种商品放在一起，以此来提高商场的商品销售量。

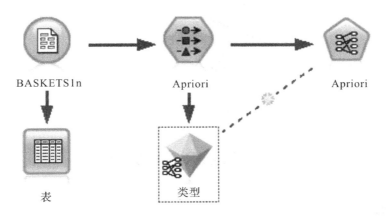

图4-18 关联规则模型的流图

图 4 - 19 "Apriori"窗口模型查看器

（5）将"网络"节点加入流中，与"类型"节点连接起来，运行结果如图 4 - 20 所示。

图 4 - 20 中，线的粗细和深浅代表联系的强弱。从图 4 - 20 中可以直观地看到，beer 和 frozenmeal、cannedveg 的联系程度比较强。

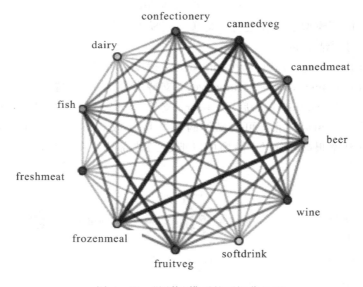

图 4 - 20 "网络"模型的可视化呈现

4.5 PageRank 算法

4.5.1 PageRank 算法概述

1. PageRank 算法的背景

PageRank 又称网页级别，是一种根据网页之间相互的超链接计算网页重要性的技术。

Google 的创始人拉里·佩奇(Larry Page)和谢尔盖·布林(Sergey Brin)于 1998 年在斯坦福大学发明了这项技术,并以拉里·佩奇之姓来命名。

在 Google 出现之前,曾出现过许多通用或专业领域搜索引擎。而 Google 之所以能够击败竞争对手取得巨大的商业成功,是因为它解决了此前搜索引擎的最大难题,即利用基于超链接排序的 PageRank 算法对搜索结果进行重要性排序。在此之前,搜索引擎采用的排序算法是基于内容的评分,即搜索引擎主要依据的是用户查询和(被索引)网页之间的内容的相似度,并根据这种相似度排序反馈给搜索用户。这种做法是利用传统信息检索的方法来实现的,而没有针对性地考虑 Web 信息的特性。

从 1996 年开始,在万维网的巨大规模和垃圾信息的打击下,传统的内容评分已经不再实用:一方面,随着网页的数量迅速增长,几乎对于任何查询,相关网页的数量都是非常大的,无法通过网页质量对网页进行排序;另一方面,基于内容相似的排序方法很容易受到垃圾信息的困扰。网页设计者可能故意在网页中重复使用一些关键词以提高网页的排名,这种做法会导致用户检索结果垃圾化。因此,对搜索结果按重要性进行合理排序就成为搜索引擎的最大核心,而基于链接排序的 PageRank 算法的提出则成功地解决了上述难题。

2. PageRank 算法的概念

PageRank 算法根据网页的外部链接和内部链接的数量和质量来衡量网页的价值。一个网页被链接得越多,就意味它越重要、等级越高。同时,一个网页的等级也可以影响它所链接的其他网页的等级。PageRank 算法可以比较客观地体现网页的相关性和重要性。PageRank 也被视为主流的 Web 链接分析模型,同时衍生出了很多重要的链接分析算法。

PageRank 值(PR 值)用来评价网页的重要性,PR 值越大,网页越重要。Google 对外展示的网页的重要性级别为 0 到 10 级,而在 Google 内部的 PageRank 值表示方式则更为复杂且不完全公开。为方便学习和理解,4.5.2 节中 PageRank 值的计算和表示主要是对原理的说明,并不代表 Google 目前的计算方法。

4.5.2 PageRank 算法的原理

1. PageRank 核心思想

PageRank 算法生成的 Web 网页排序是静态的、与主题无关的,即每个网页的排序值是通过离线计算得到的,并且该值与查询无关。在讨论 PageRank 算法的原理之前,需要引入两个重要概念:

(1) 网页 A 的入链(in-links):由其他网页中指向网页 A 的超链接,通常不包括来自同一站点内网页的超链接。

(2) 网页 A 的出链(out-links):由网页 A 指向其他网页的超链接,通常不包括指向同一站点内网页的超链接。

如果将万维网定义为一个图,那么万维网的超链接结构会形成一个巨大的有向图。其中的节点代表网页,有向弧或者连接表示超链接。因此,入链可以表示为由其他页面引出的代表超链接的有向弧指向节点,而出链可以表示为由节点通过有向弧指向其他页面。图 4-21 展示了一个由网页构成的有向图,它由 6 个网页组成。

我们可以将超链接视为推荐或者投票来理解,图 4-21 中由网页 1 指向网页 2 的超链接就是网页 1 对网页 2 的一种认可。因此，具有更多推荐（由入链所体现）的网页肯定比具有更少推荐的页面更为重要。类似于文献引用、股东投票、举荐信或者其他推荐系统，推荐者本身的地位也相当重要。比如，在应征职位时，来自 1 个领域专家的推荐可能会比来自10 个不知名的同事的推荐更具有说服力。但是如果面试官知道该领域专家在推荐人才方面非常随意，并且已经写过几万封推荐信，那么他的推荐权重就会骤然下降。所以，如果毫不区分地进行推荐的推荐者，他的权重必须加以调节。

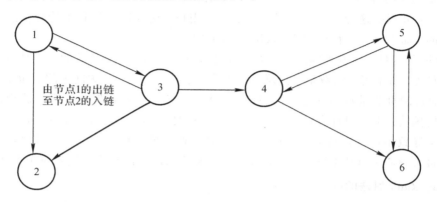

图 4-21　由 6 个网页构成的网络有向图

　　PageRank 算法的核心思想具体描述为：如果一个网页被很多其他网页链接到，则说明这个网页很重要，也就是 PageRank 值会相对较高；如果一个 PR 值很高的网页链接到一个其他的网页，则被链接到的网页的 PR 值会相应地提高。例如，图 4-22 中，每个球代表一个网页，球的大小反映了网页的 PR 值大小。其中，指向网页 B 和网页 E 的链接很多，所以网页 B 和网页 E 的 PR 值较高，而虽然很少有网页指向网页 C，但是最重要的网页 B 指向了网页 C，所以网页 C 的 PR 值比网页 E 还要大。

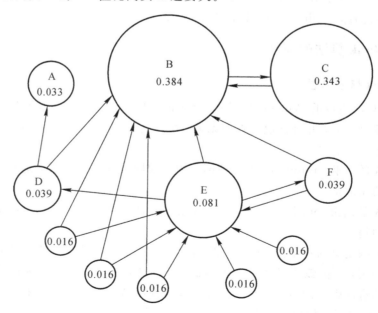

图 4-22　网页链接关系与 PR 值的相互影响

2. 原始求和公式

根据 PageRank 算法的核心思想，一个网页的 PR 值的大小与入链的数量和入链网页的质量有关。因此，一个网页的 PR 值应该由所有链接到该网页的所有网页的 PR 值的总和所决定，同时需要注意的是，一个网页可能会指向多个其他网页，则该网页的 PR 值应被它所链接到的所有页面分享，即应以出链的数量加以调节。由此，最初 PageRank 的发明者布林和佩奇就是从一个简单的求和公式入手的。一个网页 i 的 PR 值用 $P(i)$ 表示为

$$P(i) = \sum_{j \in I(i)} \frac{P(j)}{N(j)} \tag{4-2}$$

式中，$I(i)$ 为指向网页 i 的页面集合，$P(j)$ 为页面 j 的 PR 值，$N(j)$ 为页面 j 发出的出链数量。为了能够启动最初的迭代计算，设定所有网页的 PR 初始值都是相等的（即为 $1/n$，其中 n 为谷歌索引中网页的总数）。将前一次计算得到的 PR 值代入下一次计算中，利用迭代过程便可以不断计算出每个页面的 PR 值。令 $P_{k+1}(i)$ 为页面 i 在第 $k+1$ 次循环时的 PR 值，则

$$P_{k+1}(i) = \sum_{j \in I(i)} \frac{P_k(j)}{N(j)} \tag{4-3}$$

这一过程中，所有页面都从 $P_0(i) = 1/n$ 开始，并一直循环迭代，直到 PR 值不再显著变化或收敛到某些稳定值。

以图 4-20 中的网络图为例，应用式 (4-2) 计算，几个循环后可以得出如表 4-12 所示的 PR 值。

表 4-12　以图 4-21 为例的最初几次循环结果

迭代 0	迭代 1	迭代 2	迭代 2 时的排名
$P_0(1) = 1/6$	$P_1(1) = 1/18$	$P_2(1) = 1/36$	5
$P_0(2) = 1/6$	$P_1(2) = 5/36$	$P_2(2) = 1/18$	4
$P_0(3) = 1/6$	$P_1(3) = 1/12$	$P_2(3) = 1/36$	5
$P_0(4) = 1/6$	$P_1(4) = 5/36$	$P_2(4) = 11/72$	3
$P_0(5) = 1/6$	$P_1(5) = 1/4$	$P_2(5) = 17/72$	1
$P_0(6) = 1/6$	$P_1(6) = 1/6$	$P_2(6) = 14/72$	2

3. 矩阵表示

利用矩阵，我们可以简化式 (4-2) 和式 (4-3)，将求和符号替换掉，使得每次循环时计算一个 PageRank 向量来表示所有页面的 PR 值。为此，引入一个 n 维行向量 $\boldsymbol{R}$ 和 $n \times n$ 阶矩阵 $\boldsymbol{A}$。假定 $\boldsymbol{R} = (P(1), P(2), \cdots, P(n))$ 为第 $1, 2, \cdots, n$ 个网页的网页排名 PR 值。矩阵 $\boldsymbol{A}$ 是一个行归一化的超链接矩阵，代表网页之间的链接数目，若从节点 i 指向节点 j 存在一条链接，则 $A_{ij} = 1/N(i)$，否则 A_{ij} 为 0。

以图 4-21 为例，则该图的 $\boldsymbol{A}$ 矩阵为

$$A = \begin{bmatrix} 0 & 1/2 & 1/2 & 0 & 0 & 0 \\ 0 & 0 & 0 & 0 & 0 & 0 \\ 1/3 & 1/3 & 0 & 1/3 & 0 & 0 \\ 0 & 0 & 0 & 0 & 1/2 & 1/2 \\ 0 & 0 & 0 & 1/2 & 0 & 1/2 \\ 0 & 0 & 0 & 0 & 1 & 0 \end{bmatrix}$$

第 i 行的非零元素对应网页 i 的出链，第 j 列的非零元素对应页面 j 的入链。设行向量 R_k 代表第 k 次循环时网页的 PR 值，则方程（4-3）可以用矩阵表示为

$$R_{k+1} = R_k A \tag{4-4}$$

4. 修正公式

对于式（4-4），利用 $R_0 = \dfrac{1}{n} e$，其中，e 为所有元素都为 1 的行向量。进行迭代计算会遇到两个问题：排名下沉和循环。在实际中的很多网页并没有出链，这种情况在矩阵 A 中表现为有些行全部由 0 组成，这样的网页叫作悬挂网页。排名下沉是指在多次迭代中遇到悬挂网页的节点，它们会累积越来越多的 PR，最终垄断了排名得分，形成等级沉积。例如，图 4-21 中的节点 2 是一个悬挂网页，而节点 4、5 和 6 形成的团簇将会共同积累 PR。循环问题是指网页之间形成了一个无限的环路或者循环，最终迭代不会收敛。以上两个问题都会使得 PR 的求解变得困难。

事实上，式（4-4）也可以从马尔科夫链理论推导得到。矩阵 A 与马尔科夫链的转移概率矩阵非常相似，应用马尔科夫的一些理论成果可以有效解决 PR 的排名下沉和循环问题。理想的 PR 向量应为一个正向量，即它的所有元素即网页的 PR 值均为正数。如果满足一定的条件，则应用马尔科夫矩阵的幂法可以使得 PR 向量收敛到唯一的稳态向量。

影响 PR 的马尔科夫性质：当谷歌矩阵是一个随机、不可约且非周期性的矩阵时，便存在唯一的正 PR 向量，并且通过幂法将收敛到这一 PR 向量，而与迭代过程的初始向量无关。

基于上述理论，修正原方程以满足马尔科夫矩阵的条件。佩奇和布林对原矩阵 A 做了随机性调整和素性调整。随机性调整是将矩阵 A 中的全 0 行的元素都替换为 $1/n$，使得 A 成为随机矩阵。素性调整将使得矩阵 A 成为不可约且非周期的，即从任一页面出发，到每个页面都加上一条链接，并给这一链接分配一个由参数 d 控制的微小转换概率。这样可以得到改进后的 PageRank 模型：

$$R_{k+1} = R_k \left((1-d)\frac{E}{n} + dA \right) \tag{4-5}$$

式中，E 是一个 $n \times n$ 的元素全为 1 的矩阵；n 是网页总数，即网络有向图中的节点总数，$1/n$ 是跳转到一个随机网页的概率；参数 d 也称为阻尼因子，定义为用户不断随机点击链接的概率，取值在 0 到 1 范围内设定，通常取 $d=0.85$。d 的值越高，用户根据网页的超链接结构继续点击链接的概率就越大。用户停止点击并随机跳转至另一页面的概率用常数 $1-d$ 表示。无论入站链接如何，随机跳转至一个页面的概率总是 $1-d$。

加入阻尼因子后，任一网页 i 的 PR 算法公式为

$$P(i) = (1-d) + d \sum_{j \in I(i)} \frac{P(j)}{N(j)} \tag{4-6}$$

最终的 Web 网页的 PR 值可以用幂迭代方法来计算，即赋予任意的 PR 初始值，当 PR 值不再显著变化或者趋近收敛时，迭代算法即可结束。

基于 Google 的 PageRank 算法，后续的研究者提出了很多强化模型、替代模型，并对其求解算法进行了改进，比如主题敏感 PageRank（Topic-Sensitive PageRank）、Personal-Rank 等。

4.5.3　PageRank 算法的应用

PageRank 算法除了应用于搜索引擎的网页排名外，基于 PageRank 的改进算法也被广泛应用在文献研究、社交网络分析、推荐系统构建等领域。

1．文献研究

一篇论文通常会有多篇参考文献。将论文看作节点，将论文之间的引用关系看作超链接，那么论文引用网络也可以看作一系列节点与链接构成的网络图谱。根据论文引用网络中不同论文的出入度或者发表论文的时间改进 PageRank 算法模型，能够很好地找到论文引用网络中的高质量文献，并对网络中的高质量文献进行重要性排序。

2．社交网络分析

基于微信、微博等应用的社交网络分析，可以评估社交网络节点的影响力，寻找社交网络中的高影响力用户或关键意见领袖（Key Opinion Leader，KOL）。例如，根据追随者的数量对其发布消息的质量和影响力进行评估，有助于社会舆论的预警和监控。另外，电商等也可利用社交关系，在一定程度上协助风险控制（如排查刷单现象等）。

3．推荐系统构建

在推荐系统中，目标一般是向用户推荐商品。例如，在购物网站中，需要根据用户历史购买行为向用户推荐实际的商品。推荐的目的是从商品列表中向指定的用户推荐用户未接触过的商品。基于 PageRank 算法的变种 PersonalRank 是：首先将用户行为数据表示成图的形式，即二部图，用户的行为数据集由一个个二元组组成，表示用户对物品产生过行为（包括购买或浏览行为），则在图中表现为由边相连；然后 PersonalRank 对每个节点打分，对用户推荐物品就转化为计算用户节点与所有物品节点之间的相关性；最后取与用户没有直接相连的物品，按照相关性的高低生成推荐列表。

4.6　思　考　题

（1）简述数据挖掘的概念与任务。

（2）简述数据挖掘与数据仓库的关系。

（3）简述数据挖掘与 OLAP 的关系。

（4）简述数据挖掘与 KDD 的关系。

（5）简述分类算法的主要目标。

（6）简述聚类算法的主要目标。

（7）简述关联分析算法的主要目标。

（8）简述 PageRank 算法的核心原理。

（9）假设有一种罕见的病毒 X，在人群中的感染率为 0.01％。目前已有仪器可以比较准确地化验出人体是否携带此病毒，其中病毒携带者被正确检验出来的概率为 99.9％，非病毒携带者被正确排除的概率为 99.99％。如果在人群中随机对一人进行检验，且检验结果为病毒携带者，试问此人确实为病毒携带者的概率是多大？为什么？

第5章　人工神经网络与机器学习

5.1　人工神经网络概述

5.1.1　人工神经网络的产生与发展

人工神经网络(Artificial Neural Network，ANN)类似于生物神经网络，是一种受人脑神经网络工作方式的启发而构造的数学模型。和人脑神经网络类似，人工神经网络是由人工神经元以及神经元之间的连接构成的。其中有两类特殊的神经元：一类用来接收外部的信息，另一类则负责输出信息。这样，神经网络可以看作信息从输入到输出的信息处理系统。

ANN 的研究可以追溯到 19 世纪末，美国心理学家 William James 的《心理学原理》一书中首次详细论述了人脑结构与功能，对学习、联想记忆的相关原理作了开创性研究。书中给出的神经元的结构如图 5-1 所示。1943 年，心理学家 W. S. McCulloch 和数学家 W. Pitts 参考了生物神经元的结构，提出了一个包含输入、输出和计算功能的神经元模型，也称 MP 模型。在 MP 模型中，输入可以类比为神经元的树突，输出可以类比为神经元的轴突，计算则可以类比为细胞核。

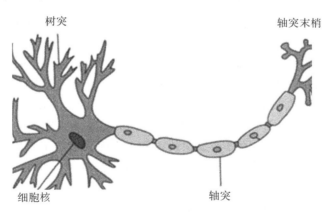

图 5-1　生物神经元的结构

在图 5-2 所示的人工神经元结构中，a 表示输入，ω 表示权重，一个有向箭头表示在初端传递的信号 a 经过加权参数 ω 后变成为 $a*\omega$，所以在连接的末端，信号为 $a*\omega$，在神经元处，加权信号求和后通过激活函数 f 就得到了输出 z，其公式如下：

$$z = f(a_1 * \omega_1 + a_2 * \omega_2 + a_3 * \omega_3)$$

$$(5-1)$$

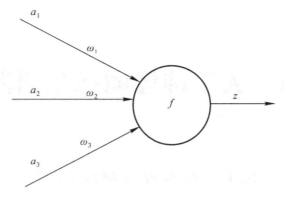

图 5-2　人工神经元结构

MP 模型建立了人工神经网络大厦的根基，但是 MP 模型中的权重都是预先设置的，所以 MP 模型不具备学习能力。1949 年，Hebb 提出了 Hebb 学习率，认为人工神经网络上的权重是可以变化的。此后，计算机学家开始考虑用调整权重的方法来让人工神经网络学习，这为后面的学习算法奠定了基础。

1958 年，计算机学家 Rosenblatt 提出了由两层神经元组成的神经网络"感知器"，首个可以学习的人工神经网络诞生，掀起了神经网络研究的第一次热潮。感知器类似于一个逻辑回归模型，可以完成简单的线性分类任务。与 MP 模型不同，感知器的权重是通过训练得到的。

但在 1969 年，Minsky 在 *Perceptron* 一书中用详细的数学推导证明了感知器还存在缺点，尤其是感知器对于异或这样简单的分类问题都无法解决。Minsky 还提出，如果将计算层增加到两层，计算量就会过大。由于当时没有有效的学习算法，加之 Minsky 的巨大影响力和书中对感知器的悲观态度，人工神经网络的研究从此陷入了冰河期（AI Winter）。

大约 10 年后，人工神经网络开始复苏，虽然感知器无法解决异或问题，但增加一个计算层之后的两层人工神经网络不仅能够很好地解决异或问题，还具有相当好的非线性分类效果。1986 年，Rumelhar 和 Hinton 等人提出了反向传播（Back Propagation，BP）算法，进一步解决了两层人工神经网络所面对的复杂计算量问题，并从理论上证明了两层人工神经网络可以无限逼近任意连续函数，即可以完成复杂的非线性分类任务。

一方面，BP 算法依然存在训练耗时长，且容易陷入局部最优解等问题，阻碍了人工神经网络的广泛应用；另一方面，1990 年代中期，Vapnik 等人发明了支持向量机（Support Vector Machines，SVM）算法，该算法很快就在若干方面表现出了对比人工神经网络的优势，包括无须调参、高效和全局最优解。因此，SVM 算法迅速打败了 ANN 算法而成为主流，人工神经网络的研究再次陷入了冰河期。

2006 年，Hinton 在 *Science* 和相关期刊上发表了论文，首次提出了深度信念网络的概念。与传统的训练方式不同，深度信念网络有一个预训练（pre-training）的过程，可以使人工神经网络中的权重找到一个接近最优解的值，之后使用微调（fine-tuning）技术就可对整个网络进行优化训练。这两个技术的运用大幅度减少了训练多层神经网络的时间。Hinton 给与多层神经网络相关的学习方法赋予了一个新名词——深度学习。很快，深度学习在语音识别、图像识别等领域获得成功应用，这充分证明了多层人工神经网络的优越性。在此之后，关于深度神经网络的研究与应用不断涌现。目前，深度神经网络已是人工智能领域的研究热点。

综上所述，从 MP 模型、单层神经网络（感知器）开始，到包含一个隐含层的两层神经网络，再到多层的深度神经网络，人工神经网络的发展一波三折，其发展历程如图 5-3 所示。

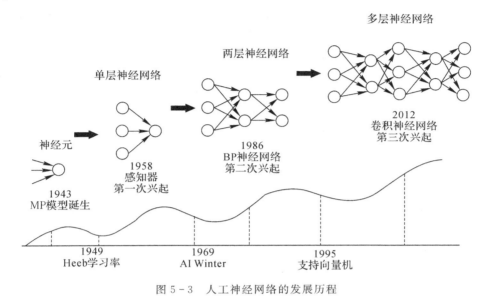

图 5-3　人工神经网络的发展历程

5.1.2　人工神经元的结构

人工神经网络是一种运算模型，由大量的节点（也称神经元）相互连接构成。目前人们提出的神经元结构已有很多，其中普遍使用的神经元结构是在 MP 模型的基础上不断完善得到的，如图 5-4 所示。

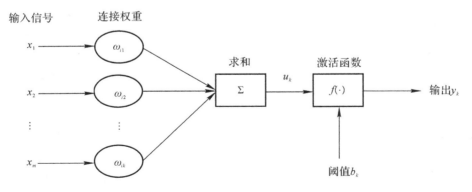

图 5-4　人工神经元的结构

图 5-4 表明，与生物神经元有许多激励输入一样，人工神经元也有许多输入信号（图中每个输入用 x_i 表示），它们同时输入到神经元模型中。生物神经元具有不同的突触性质和突触强度，其对输入的影响是使有些输入在神经元中产生脉冲输出过程所起的作用比另外一些输入更为重要。神经元的每一个输入都有一个加权系数 ω_{ij}，ω_{ij} 称为权重值。权重值

的正负模拟了生物神经元中突触的兴奋或抑制，大小则代表了突出的不同连接强度。作为人工神经网络的基本处理单元，神经元模型必须对全部输入信号进行整合，以确定各类输入作用的总效果，图 5-4 中的求和符号∑表示输入信号的总和值。神经元激活与否取决于某一阈值，只有当输入之和超过阈值时，神经元才被激活并发出脉冲，否则神经元不会产生输出信号。人工神经元的输出也同生物神经元一样仅有一个，如用 y_k 表示，则输出和输入之间的对应关系可用图 5-4 中的激活函数 $f(\cdot)$ 表示。只有当所有输入加权求和，再经过激活函数 $f(\cdot)$ 并达到阈值 b_k 时，才会产生输出 y_k。

上述内容可用一组数学表达式进行概括。令 $x_i(t)$ 表示 t 时刻神经元 k 接收到的来自神经元 i 的输入信息，$y_k(t)$ 表示 t 时刻神经元 k 的输出信息，则神经元 k 的状态可表示为

$$y_k(t) = f\left(\sum_{i=1}^{m} \omega_{ij}x_i - b_k\right) \tag{5-2}$$

用 u_k 代替 $\sum_{i=1}^{m} \omega_{ij}x_i$，式（5-2）可简化为

$$y_k(t) = f(u_k - b_k) \tag{5-3}$$

神经元的各种不同数学模型最主要的区别在于采用了不同的激活函数，从而使神经元模型具有不同的信息处理特性。神经元的激活函数反映了神经元输出与其激活状态之间的关系。最常用的激活函数有以下 4 种。

1. 阈值型激活函数

采用

$$f(x) = \begin{cases} 1, & x \geq 0 \\ 0, & x < 0 \end{cases} \tag{5-4}$$

$$f(x) = \begin{cases} 1, & x \geq 0 \\ -1, & x < 0 \end{cases} \tag{5-5}$$

分别定义单极性阈值型激活函数和双极性阈值型激活函数。满足单极性阈值型激活函数和双极性阈值型激活函数的神经元称为阈值型神经元，这是神经元模型中最简单的一种，MP模型就属于这一类。函数中的 x 代表 $u_k - b_k$，当 $u_k > b_k$ 时，神经元为兴奋状态，输出为 1；当 $u_k < b_k$ 时，神经元为抑制状态，在单极性阈值型激活函数中，输出为 0，在双极性阈值型激活函数中，输出为 -1。

假设输入空间 $X \subseteq \mathbf{R}^n$，输出空间 $Y = \{+1, -1\}$。输入 $x \in X$ 表示实例的特征向量，对应于输入空间的点；输出 $y \in Y$ 表示实例的类别。由输入空间到输出空间的函数如下：

$$f(\boldsymbol{x}) = \text{sign}(\boldsymbol{\omega} \cdot \boldsymbol{x} + \boldsymbol{b})$$

其中，$\boldsymbol{\omega}$ 和 $\boldsymbol{b}$ 为感知器模型参数，$\boldsymbol{\omega}$ 为权重或权重向量，$\boldsymbol{b}$ 为偏置，sign 是符号函数。

使用满足阈值型激活函数的神经元可构成感知器。感知器一般是单层感知器，它是指只含有输入层和输出层的神经网络，是一种二元线性分类器。由于输入直接经过权重关系转化为输出，所以感知器可以被视为最简单的前馈神经网络。

2. 非线性激活函数

非线性激活函数为实数域 $\mathbf{R}$ 到闭集 $[0, 1]$ 的非减连续函数，代表了状态连续型神经元模型。最常用的非线性激活函数是单极性的 Sigmoid 函数，简称单极性 S 型函数，其特点是函数本身及其导数都是连续的，因而在处理上十分方便。单极性 S 型函数的定义如下：

$$f(x) = \frac{1}{1 + e^{-x}} \tag{5-6}$$

有时也采用双极性 S 型函数（双曲正切）的形式：

$$f(x) = \frac{2}{1 + e^{-x}} - 1 = \frac{1 - e^{-x}}{1 + e^{-x}} \tag{5-7}$$

3. 分段线性激活函数

分段线性激活函数也称伪线性函数，其特点是神经元的输入与输出在一定区间内满足线性关系。由于具有分段线性的特点，因而该函数在实现上比较简单。单极性分段线性激活函数的表达式如下：

$$f(x) = \begin{cases} 1, & x_c < x \\ cx, & 0 < x \leqslant x_c \\ 0, & x \leqslant 0 \end{cases} \tag{5-8}$$

式中，c 为线段的斜率。

双极性分段线性激活函数的定义如下：

$$f(x) = \begin{cases} 1, & x_c < x \\ cx, & 0 < x \leqslant x_c \\ -1, & x \leqslant 0 \end{cases} \tag{5-9}$$

4. 概率型激活函数

采用概率型激活函数的神经元模型其输入和输出之间的关系是不确定的，需要用一个随机函数来描述其输出状态为 1 或 0 的概率。设神经元输出为 1 的概率为

$$P(1) = \frac{1}{1 + e^{-x/T}} \tag{5-10}$$

式中，T 为温度参数。由于采用该激活函数的神经元其输出状态分布与热力学中的玻尔兹曼分布相类似，因此这种神经元模型也称为热力学模型。

神经元模型除了上述的输入、输出、权重值、阈值和激活函数外，还有偏置，通常用 b 表示。在人工神经网络中，这些偏置节点是默认存在的，其本质是一个是含有存储功能且存储值永远为 1 的单位。加入偏置 b 的作用是使神经元模型的分类效果更好。偏置 b 加在输入之和的后面，如图 5-5 所示。

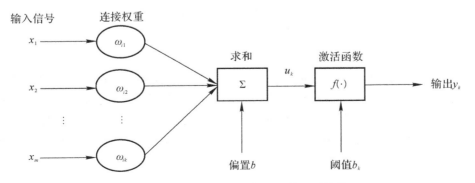

图 5-5　考虑偏置节点的人工神经元结构

从图 5-5 中可以明显看出哪个节点是偏置节点，因为其没有输入，即前一层没有指向它的箭头。加入偏置节点后，可得

$$y_k(t) = f\Big[\Big(\sum_{i=1}^{m} \omega_{ij}\,x_i + b\Big) - b_k\Big] \qquad (5-11)$$

$$u_k = \sum_{i=1}^{m} \omega_{ij}\,x_i + b \qquad (5-12)$$

5.2 BP 神经网络

5.2.1 BP 神经网络简介

BP 神经网络是一种按照误差逆向传播算法训练的多层前馈神经网络，具有任意复杂的模式分类能力和优良的多维函数映射能力，解决了单层感知器不能解决的异或问题。从本质上讲，BP 算法以误差平方和为目标函数，采用梯度下降法来计算目标函数的最小值。

BP 神经网络的结构包含输入层、隐含层和输出层。隐含层可扩展为多层，相邻层之间各神经元进行全连接，即当前层的每一个神经元都与前一层的所有神经元连接，前一层的输出是当前层的输入，而每层各神经元之间无连接。BP 神经网络的结构如图 5-6 所示。

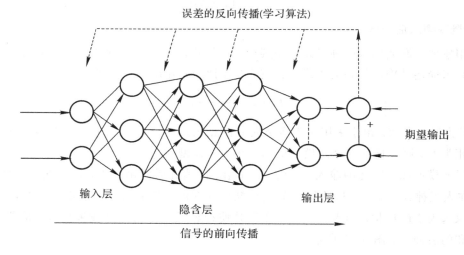

图 5-6 BP 神经网络的结构

5.2.2 BP 算法

从图 5-6 中可看出，BP 神经网络分为信号的前向传播和误差的反向传播，输入变量键入输入层后，经隐含层到达输出层，得到输出变量。在信号的前向传播阶段，神经元间的传播不可逆，但如果输出变量与期望值的误差超过了允许的范围，则误差信号将进行反向传播，因此应求出隐含层数值变量的误差，调整各层的权重或阈值。BP 算法演示图如图 5-7 所示。

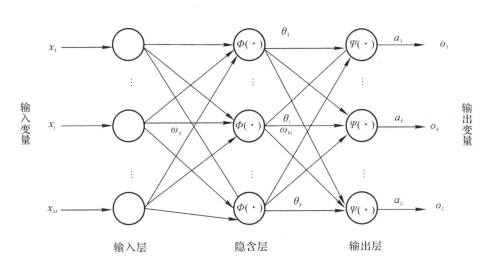

图 5 - 7　BP 算法演示图

图 5 - 7 中，x_j 表示输入层第 j 个节点的输入，$j = 1, 2, \cdots, M$；ω_{ij} 表示隐含层第 i 个节点和输入层第 j 个节点之间的权重；θ_i 表示隐含层第 i 个节点的偏置，$i = 1, 2, \cdots, q$；$\Phi(\cdot)$ 表示隐含层的激励函数；ω_{ki} 表示输出层第 k 个节点和隐含层第 i 个节点之间的权重；a_k 表示输出层第 k 个节点的偏置，$k = 1, 2, \cdots, L$；$\Psi(\cdot)$ 表示输出层的激励函数；o_k 表示输出层第 k 个节点的输出。

BP 神经网络的传播过程主要分为两个阶段：第一阶段是信号的前向传播，从输入层经过隐含层，最后到达输出层；第二阶段是误差的反向传播，从输出层到隐含层，最后到输入层，在该阶段，应依次调节隐含层到输出层的权重和偏置，输入层到隐含层的权重和偏置。

1. 信号的前向传播过程

隐含层第 i 个节点的输入 net_i：

$$\mathrm{net}_i = \sum_{j=1}^{M} \omega_{ij} x_j + \theta_i \tag{5-13}$$

隐含层第 i 个节点的输出 y_i：

$$y_i = \Phi(\mathrm{net}_i) = \Phi\Big(\sum_{j=1}^{M} \omega_{ij} x_j + \theta_i \Big) \tag{5-14}$$

输出层第 k 个节点的输入 net_k：

$$\mathrm{net}_k = \sum_{i=1}^{q} \omega_{ki} y_i + a_k = \sum_{i=1}^{q} \omega_{ki} \Phi\Big(\sum_{j=1}^{M} \omega_{ij} x_j + \theta_i \Big) + a_k \tag{5-15}$$

输出层第 k 个节点的输出 o_k：

$$o_k = \Psi(\mathrm{net}_k) = \Psi\Big(\sum_{i=1}^{q} \omega_{ki} \Phi\Big(\sum_{j=1}^{M} \omega_{ij} x_j + \theta_i \Big) + a_k \Big) \tag{5-16}$$

2. 误差的反向传播过程

误差的反向传播过程中，通过梯度下降法来调节各层的权重和偏置，使更新后的网络的最终输出和期望值的误差在允许的范围内。

取误差公式为

$$E = \frac{1}{2} \sum_{k=1}^{L} (T_k - o_k)^2 \tag{5-17}$$

其中，T_k 为期望输出。记 $T_k - o_k = e_k$，则 E 可表示为

$$E = \frac{1}{2} \sum_{k=1}^{L} e_k{}^2 \tag{5-18}$$

隐含层到输出层的权重更新：

$$\frac{\partial E}{\partial \omega_{ki}} = \sum_{k=1}^{L} (T_k - o_k)\left(-\frac{\partial o_k}{\partial \omega_{ki}}\right) = (T_k - o_k)(-y_i) = -e_k y_i \tag{5-19}$$

$$\omega_{ki}' = \omega_{ki} + \eta e_k y_i \tag{5-20}$$

式中，ω_{ki}' 代表更新后的隐含层到输出层的权重，η 代表学习率。

输入层到隐含层的权重更新：

$$\frac{\partial E}{\partial \omega_{ij}} = \frac{\partial E}{\partial y_i} \cdot \frac{\partial y_i}{\partial \omega_{ij}} \tag{5-21}$$

$$\omega_{ij}' = \omega_{ij} + \eta y_i (1 - y_i) x_j \sum_{k=1}^{L} \omega_{ki} e_k \tag{5-22}$$

式中，ω_{ij}' 代表更新后的输入层到隐含层的权重。

隐含层到输出层的偏置更新：

$$\frac{\partial E}{\partial a_k} = (T_k - o_k)\left(-\frac{\partial o_k}{\partial a_k}\right) = -e_k \tag{5-23}$$

$$a_k' = a_k + \eta e_k \tag{5-24}$$

式中，a_k' 代表更新后的隐含层到输出层的偏置。

输入层到隐含层的偏置更新：

$$\frac{\partial E}{\partial \theta_i} = \frac{\partial E}{\partial y_i} \cdot \frac{\partial y_i}{\partial \theta_i} \tag{5-25}$$

$$\theta_i' = \theta_i + \eta y_i (1 - y_i) x_j \sum_{k=1}^{L} \omega_{ki} e_k \tag{5-26}$$

式中，θ_i' 代表更新后的输入层到隐含层的偏置。

BP 算法为人工神经网络的训练提供了简单而有效的实现途径，但 BP 算法也存在一些内在问题。比如，在多层次的人工神经网络中收敛速度较慢且容易陷入局部最优，不能同时对多个网络进行训练。目前，将多种优化算法相结合，对传统训练算法取长补短，是将前馈神经网络（如 BP 神经网络）应用到多个领域的一个有效手段。

5.2.3　实例

BP 神经网络可以实现从输入到输出的任意非线性映射，并且具有较好的泛化能力，因此 BP 神经网络适合用于模拟用户偏好模型，进行用户偏好模型的训练。其目标是根据用户对以往产品的喜好程度（即打分情况）进行训练学习，从而逼近该用户对产品的偏好程度，帮助用户选择其他有可能感兴趣的产品，并通过 Movielens 数据库验证模型的有效性。

1. 数据来源

Movielens 数据库是 Minnesota 大学计算机科学与工程学院进行 Grouplens Research 项目研究时建立的，主要进行信息过滤、协同过滤和推荐系统的相关研究。数据集中包含

了 6040 名 Movielens 用户对 3900 多部电影的 100 万个评分数据，每一位用户至少对 20 部电影进行了评价。本实例采用 Movielens 数据库中的数据集，主要包括 Movies 文件（如图 5-8 所示）和 Ratings 文件（如图 5-9 所示）。

MovieID	Title （Time）	Genres
1	Toy Story (1995)	Animation|Children's|Comedy
2	Jumanji (1995)	Adventure|Children's|Fantasy
3	Grumpier Old Men (1995)	Comedy|Romance
4	Waiting to Exhale (1995)	Comedy|Drama
5	Father of the Bride Part II (1995)	Comedy
6	Heat (1995)	Action|Crime|Thriller
7	Sabrina (1995)	Comedy|Romance
8	Tom and Huck (1995)	Adventure|Children's
9	Sudden Death (1995)	Action
10	GoldenEye (1995)	Action|Adventure|Thriller
11	American President, The (1995)	Comedy|Drama|Romance
12	Dracula: Dead and Loving It (1995)	Comedy|Horror
13	Balto (1995)	Animation|Children's
14	Nixon (1995)	Drama
15	Cutthroat Island (1995)	Action|Adventure|Romance
16	Casino (1995)	Drama|Thriller
17	Sense and Sensibility (1995)	Drama|Romance
18	Four Rooms (1995)	Thriller
19	Ace Ventura: When Nature Calls (1995)	Comedy
20	Money Train (1995)	Action

Movielens数据库

图 5-8　Movies 文件结构

UserID	MovieID	Rating	TimeStamp
1	1193	5	978300760
1	661	3	978302109
1	914	3	978301968
1	3408	4	978300275
1	2355	5	978824291
1	1197	3	978302268
1	1287	5	978302039
1	2804	5	978300719
1	594	4	978302268
1	919	4	978301368
1	595	5	978824268
1	938	4	978301752
1	2398	4	978302281
1	2918	4	978302124
1	1035	5	978301753
1	2791	4	978302188
1	2687	3	978824268
1	2018	4	978301777
1	3105	5	978301713

图 5-9　Ratings 文件结构

Movies 文件中一共包含 3 列数据：第一列是每部电影的序号；第二列是电影名称和上映时间；第三列是电影类型。电影类型一共有 18 种，分别是 Action、Adventure、Animation、Children's、Comedy、Crime、Documentary、Drama、Fantasy、Film-Noir、Horror、Musical、Mystery、Romance、Sci-Fi、Thriller、War 和 Western。

Ratings 文件中共有 4 列数据：第一列是用户序号；第二列是用户评价的电影序号；第三列是用户对电影的评分值，评分值是从 1 到 5 的整数，数值越高表明用户对该部电影喜欢的程度越高；第四列是时间戳，自 1970 年 1 月 1 日零点后到用户提交评价之间时间的秒数。

2. 数据处理

要验证 BP 神经网络的有效性，首先要知道用户的评价记录。本实例选择了评分记录最多的 4169 用户，该用户一共评价了 2314 部电影，将 Ratings 文件中的 2314 条评分数据取出，并将 MovieID 和 Movies 文件进行关联，确定 4169 用户评价的每一部电影所属的电影类型。

在图 5-10 中，用户评价的电影属于某种或几种电影类型，在相应的电影类型下面赋值 1，若不是，则赋值 0。在 Matlab 中使用 randperm 函数将关联后的 2314 个样本随机排列，取前 2000 个样本作为训练样本，其余的为测试样本。

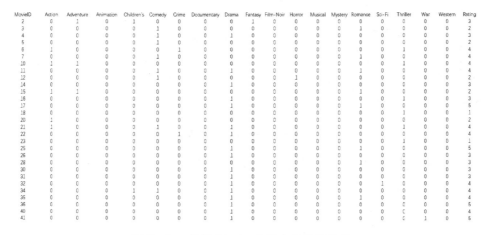

图 5-10　关联 Movies 文件之后的评分表

3. 构建 BP 神经网络

如图 5-11 所示，Movielens 数据库中电影的特征属性（即电影类别）有 18 个，因此神经网络输入层的神经元个数设定为 18 个，隐含层的神经元个数设定为 18 个，输出神经元设定为 1 个。

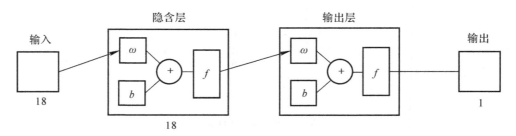

图 5-11　BP 神经网络结构图

这里采用测试误差均值和测试误差方差作为性能度量指标，随机产生 BP 神经网络的初始权重和阈值。

4. 训练网络及输出测试误差

在 Matlab 中使用 train 函数训练构建好的 BP 神经网络，训练 10 次，得到 10 个 BP 神经网络模型，之后使用 sim 函数分别对这 10 个 BP 神经网络进行仿真测试，得到的测试误差均值和测试误差方差如图 5-12 所示。

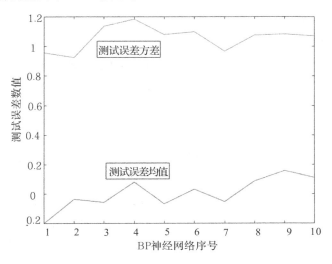

图 5-12 测试误差均值及方差

在图 5-12 中，测试误差均值在 0 附近波动，上下波动不超过 0.2；而测试误差方差在 1 附近波动，上下波动同样不超过 0.2，即 BP 神经网络通过 randperm 函数产生的不同的训练集和测试集进行训练和测试后，对用户偏好模型的学习具有稳定性和有效性。从图 5-12 中还可以看出，虽然每次的训练集和测试集样本都不一样，但是都可以得到稳定的测试误差数值。由此可见，该模型还具有鲁棒性。

5.3 深度学习

5.3.1 深度学习概述

深度学习(Deep Learning)是机器学习的分支，其本质是仿生学，模仿人脑进行感知和认知。它的动机在于建立、模拟人脑进行分析学习的人工神经网络。深度学习是近年来机器学习领域发展最快的一个分支。

常用的深度学习模型包括深度神经网络、自动编码机、受限玻尔兹曼机、卷积神经网络和循环神经网络。

1. 深度神经网络

深度神经网络一般是指隐含层大于 1 的全连接神经网络。通过增加隐含层的数量及相应的节点数，就可以形成深度神经网络。深度神经网络模型常用于图像和语言识别等领域，但在图像识别领域中由于它将图像数据变成一维数据进行处理，忽略了图像的空间几何关系，所以它在图像识别领域的识别率不及卷积神经网络。又由于相邻层之间全连接，需要训练的参数规模大，因此参数量也进一步限制了全连接神经网络的深度和广度。

2. 自动编码机

自动编码机可看作传统的多层感知器的变种，其基本思想是将信号经过多层神经网络后重构原始输入，通过非监督学习的方式挖掘输入信号的潜在结构，将中间层的响应作为潜在的特征表示。

3. 受限玻尔兹曼机

玻尔兹曼机是一种随机的递归神经网络，是能通过学习数据固有的内在表示、解决复杂学习问题的最早的人工神经网络之一。受限玻尔兹曼机是玻尔兹曼机的扩展，由于去掉了玻尔兹曼机同层之间的连接，因此大大提高了学习效率。

4. 卷积神经网络

卷积神经网络是图像识别和语音分析等领域最常用的模型。2016年著名的围棋人机大战中战胜李世石的AlphaGo人工智能围棋程序就采用了卷积神经网络加蒙特卡洛搜索树算法。卷积神经网络的权重共享网络结构使之更类似于生物神经网络，可降低网络模型的复杂度，减少权重的数量。该优点在网络的输入是多维图像时表现得更为明显，使图像可以直接作为网络的输入，避免了传统识别算法中繁杂的特征提取和数据重建过程。

5. 循环神经网络

在全连接的深度神经网络中，每层神经元的信号只能向下一层传播，样本的处理在各个时刻相互独立，因此该类神经网络无法对时间序列上的变化进行建模，为了满足这种需求，出现了循环神经网络。循环神经网络中的神经元输出可以在下一个时间戳直接作用到自身。比如，第 i 层神经元在 t 时刻的输入，除了 $i-1$ 层神经元在 $t-1$ 时刻的输出外，还包括其自身在 t 时刻的输入。

深度学习的应用范围很广，并取得了突破性的进展，目前已经在图像识别、语音处理、自然语言处理、生物信息处理、游戏、医学医疗和股票金融等领域得到了广泛应用，特别是卷积神经网络和循环神经网络在商业智能领域的应用更加深入。

5.3.2 卷积神经网络

卷积神经网络最早是由LeCun等人于1998年提出的，目前已经广泛应用在图像处理中，它可以自动提取需要的特征信息。卷积神经网络由三部分构成：第一部分是输入层，第二部分是 $n(n=1, 2\cdots)$ 个卷积层和池化层的组合，第三部分是一个全连接的多层感知器分类器，其结构如图5-13所示。

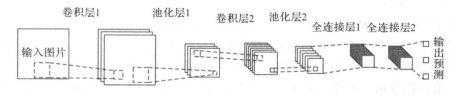

图 5-13　卷积神经网络结构

在卷积神经网络中，卷积层采用局部连接和权重共享的方式，相对于全连接神经网络节约了大量参数，每一层与上一层的部分神经元连接，不同部分共享参数，网络浅层架构获取的纹理信息丰富，随着层数增多，语义信息逐渐加强。池化层则是一种下采样操作，可以有效减小特征图的尺寸，同时增大感受野，进一步提取特征。

卷积层的作用从本质上来讲是提取局部特征，池化层的作用是在语义上把相似的特征结合起来。一般来说，池化层计算特征图中一个局部块的最大值或者平均值，相邻的池化神经元通过一行或者一列从小块上读取数据，这样做可以减少表达的维度，保持数据的平移不变性。通过卷积层和池化层的作用，再加上后面的全连接层，就形成了一个完整的卷积神经网络结构。该结构一方面可以直接用于特征的提取，另一方面由于在最后添加了一个分类层，因此能得到一个分类器。

卷积神经网络可以直接从训练数据中学习特征，通过优化算法来调整参数。训练数据可以直接输入网络，采用端到端的方式，使得整个过程更加简便。因为卷积神经网络具有局部连接和权重共享的特点，因此其在图像、文本和语音处理中独具优势。

5.3.3　循环神经网络

回顾之前的 BP 神经网络和卷积神经网络，不难发现，它们的输出都只考虑当前输入的影响，而不考虑之前时刻输入的影响。

循环神经网络(Recurrent Neural Networks，RNN)是深度学习领域重要的研究方向之一，是一类具有记忆能力的神经网络。RNN 的网络表现形式中有循环结构，使得过去输出的信息作为"记忆"被保留下来，可应用于当前的输出计算。其具体表现形式为：隐含层之间的节点不再是无连接的，而是有连接的，隐含层的输入不仅包括输入层的输出，还包括上一时刻隐含层的输出，即一个序列当前的输出和前面的输出也有关。循环神经网络结构图如图 5-14 所示。

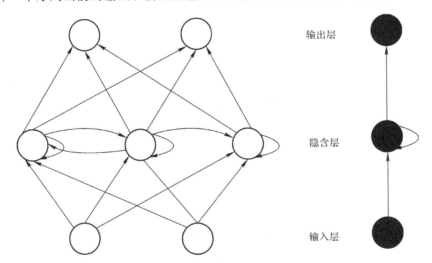

图 5-14　循环神经网络结构图

从图 5-14 中可以看出，循环神经网络主要由输入层(Input Layer)、隐含层(Hidden Layer)、输出层(Output Layer)三部分组成，并且可以发现在隐含层有一个箭头表示数据的循环更新，这就是循环神经网络实现"记忆"功能的方法。隐含层的层级展开结构如图 5-15所示。

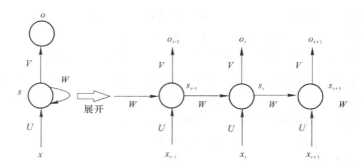

图 5-15　隐含层的层级展开结构

图 5-15 中，x_t 是 t 时刻的输入；o_t 是 t 时刻的输出；s_t 是 t 时刻的隐状态，基于上一时刻的隐状态和当前输入得到

$$s_t = f(U\,x_t + W\,x_{t-1}) \tag{5-27}$$

其中，f 一般是非线性的激活函数。在计算 s_0 时，需要用到 s_{-1}，但 s_{-1} 并不存在，在现实中一般取其值为 0。

需要指出的是，在传统的人工神经网络中，每一层的参数是不共享的，但在循环神经网络中，所有层次均共享同样的参数，如图 5-15 中的 U、V、W。这反映出循环神经网络每一步都在做相同的事，只是输入不同，因此大大降低了网络中需要学习的参数。

虽然循环神经网络具有一定的记忆能力，但该模型并不能对较长的时间序列进行较好的处理，主要原因就是循环神经网络模型在训练的过程中容易出现梯度消失和梯度爆炸的问题。目前，已经有大量的研究工作针对这类问题提出了循环神经网络的变体，其中长短时记忆（Long-Short-Term Memory，LSTM）网络是目前在实际应用中使用最广泛的循环网络架构。

LSTM 网络由 Hochreiter 和 Schmidhuber 于 1997 年提出，并被 Alex Graves 进行了改良和推广。LSTM 网络能够有效克服循环神经网络中存在的梯度消失问题，尤其在长距离依赖的任务中的表现远远优于循环神经网络，梯度反向传播过程中不会再受到梯度消失问题的困扰，可以对存在短期或者长期依赖关系的数据进行精确的建模。LSTM 网络与循环神经网络的工作方式基本相同，区别在于 LSTM 网络实现了一个更加细胞化的内部处理单元，从而实现上下文信息的有效存储和更新，如图 5-16 所示。

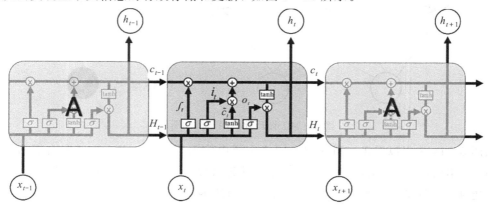

图 5-16　LSTM 网络模型结构

LSTM 网络的单元结构如图 5-17 所示。其中有三种类型的门控：输入门、遗忘门和输出门。

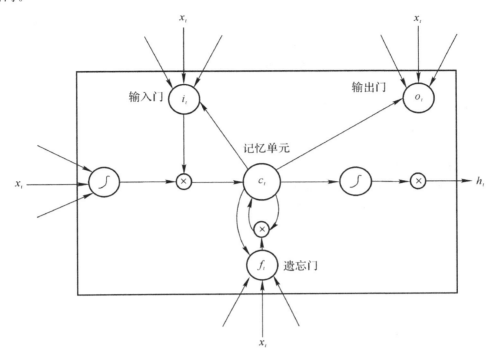

图 5-17　LSTM 网络的单元结构

(1) 输入门(i_t)用于控制网络当前输入数据x_t流入记忆单元(c_t)的多少，即有多少可以保存到c_t。运算过程为

$$i_t = \sigma(\boldsymbol{\omega}_i \cdot [h_{t-1}, x_t] + \boldsymbol{b}_i) \tag{5-28}$$

式中，σ 表示激活函数 Sigmoid，x_t 表示当前时刻的输入值，h_{t-1} 表示前一时刻的输出值，$\boldsymbol{\omega}_i$ 表示输入门的权重矩阵，$\boldsymbol{b}_i$ 表示输入门的偏置。

(2) 遗忘门(f_t)是 LSTM 网络单元的关键组成部分，可以控制哪些信息要保留，哪些要遗忘，并且以某种方式避免当梯度随时间反向传播时引发的梯度消失和爆炸问题。遗忘门控制自连接单元，可以决定历史信息中的哪些部分会被丢弃(即控制上一时刻记忆单元c_{t-1}中的信息对当前记忆单元c_t的影响)。运算过程为

$$f_t = \sigma(\boldsymbol{\omega}_f \cdot [h_{t-1}, x_t] + \boldsymbol{b}_f) \tag{5-29}$$

式中，$\boldsymbol{\omega}_f$ 表示遗忘门的权重矩阵，$\boldsymbol{b}_f$ 表示遗忘门的偏置。

(3) 输出门(o_t)控制记忆单元对当前输出值h_t的影响，即记忆单元中的哪一部分会在 t 时刻输出。门控可以看作一层全连接层，LSTM 对信息的存储和更新正是由这些门控来实现的，但门控不会提供额外的信息。运算过程为

$$o_t = \sigma(\boldsymbol{\omega}_o \cdot [h_{t-1}, x_t] + \boldsymbol{b}_o) \tag{5-30}$$

式中，$\boldsymbol{\omega}_o$ 和 $\boldsymbol{b}_o$ 分别表示各门的权重矩阵和偏置，σ 表示 Sigmoid 激活函数。

LSTM 记忆单元最终的输出 h_t 由输出门和单元状态共同决定：

$$\tilde{c}_t = \tanh(\boldsymbol{\omega}_c \cdot [h_{t-1}, x_t] + \boldsymbol{b}_c) \tag{5-31}$$

$$c_t = f_t \cdot c_{t-1} + i_t \cdot \tilde{c}_t \tag{5-32}$$

$$h_t = o_t \cdot \tanh c_t \tag{5-33}$$

式中：$\tilde{c}_t$ 为 t 时刻输入的单元状态；$\boldsymbol{\omega}_c$、$\boldsymbol{b}_c$ 分别为输入单元状态的权重矩阵和偏置。

5.4 思 考 题

(1) 简述人工神经网络与生物神经网络的异同。

(2) 简述人工神经元的结构。

(3) 简述 BP 神经网络的算法思路。

(4) 简述深度学习的概念。

(5) 简述卷积神经网络的算法思路。

(6) 简述循环神经网络的算法思路。

第6章　Web 挖掘与文本分析

6.1　Web 挖掘概述

Web 挖掘(Web Mining)是数据挖掘技术在互联网上的应用,通过收集浏览器操作、服务器日志、网站结构、链接关系、页面内容等网络数据形成结构化和非结构化信息,并在此基础上抽取出隐含的知识和模式。

按照挖掘目标,Web 挖掘可以分为三种类型:Web 使用挖掘(Web Usage Mining)、Web 内容挖掘(Web Content Mining)和 Web 结构挖掘(Web Structure Mining)。这三种 Web 挖掘的结果可以进一步进行分类、聚类和关联分析操作,如图 6-1 所示。

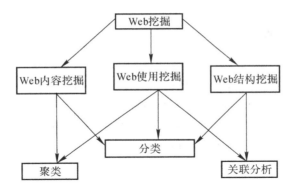

图 6-1　Web 挖掘的三种类型

1. Web 使用挖掘

Web 使用挖掘的目标是从 Web 数据中发现用户的使用模式,从而根据用户的使用情况和需求,不断调整 Web 应用程序的设计。Web 使用挖掘需要抓取的数据包括 Web 用户的身份、来源以及他们在 Web 站点上的浏览行为。根据数据类型,Web 使用挖掘可以分为以下两种:

(1) Web 服务器数据:Web 服务器收集的用户日志,包括 IP 地址、页面跳转和访问时间等。

(2) 应用程序数据:应用程序收集的用户在网站上的交易行为,包括商品浏览、订单操作、评论等。

Web 使用挖掘的应用是网络营销的基础,商家可以通过挖掘用户行为的规律进行个性化营销,通过更好地理解客户的需求来建立更好的客户关系,甚至争取到竞争对手的客户。

Web 使用挖掘的应用风险是隐私权的问题。用户的信息被获取、使用或传播时,用户的信息或隐私也可能会在他们不知情或未经同意的情况下被滥用，比如多家电子商务公司被曝出有"杀熟"的行为。

2. Web 内容挖掘

Web 内容挖掘是从 Web 页面内容中挖掘、提取和集成有用的数据、信息和知识。从网页中发掘的信息往往是缺乏统一标准的半结构化数据或非结构化数据，因此较难采用通用软件来实现，有时需要自行开发软件或进行比较复杂的软件参数设置工作。

3. Web 结构挖掘

Web 结构挖掘采用图论的方法来分析网站中页面节点的连接关系。Web 结构挖掘的主要目标是生成 Web 站点和 Web 页面的结构图。相对于 Web 内容挖掘主要关注文档内部的结构，Web 结构挖掘则试图发现文档之间的层次或树状结构。根据对超链接的拓扑结构分析，Web 结构挖掘可以对 Web 页面进行分类或者挖掘出 Web 站点之间的相似性和关系。谷歌公司所使用的搜索结果排名算法——PageRank 算法，就是通过 Web 结构挖掘来计算网页的重要性的。

6.2 网页信息抓取

6.2.1 网页信息抓取原理

Web 内容挖掘的基础是从网页中抓取信息，但是对于如此大量的、不规则的、非结构化的海量数据，传统的处理技术已经很难甚至无法使用，需要通过专门的软件或针对网站进行个性化的软件开发才能抓取到目标数据。

获得目标数据主要包括两个基本过程：第一个过程是下载并完整解析目标数据所在的网页；第二个过程是数据提取（Data Extract）过程，即从下载到的网页中获取相应的目标数据。

1. 网页信息抓取方法

目前广泛采用的网页信息抓取方法主要有以下几种：

（1）手工获取，即将访问对象逐一打开，并将所需内容进行复制整理。

（2）使用网络数据抓取软件，利用其提供的接口，定义好固定的抓取规则，对目标网站进行批量下载。典型的软件包括火车采集器、八爪鱼采集器、影子采集器等。

（3）通过编写爬虫程序，自定义抓取策略，获取目标网页的数据。如果需要采用高可定制化的数据研究爬虫，则使用能够提供二次开发功能的爬虫框架来进行开发。Scrapy、SpiderMan、WebMagic 等爬虫框架得到了研究者和开发者的青睐。

上述三种方法各有优缺点，第一种方法获取数据的有效性好，能够在非常复杂的页面结构中获得所需要的数据，但是效率低下，错误率也高；第二种方法效率高，但是功能过于单一，针对性不强，适用性不够好，特别是对于动态生成的网页内容，网页爬取器就显得捉襟见肘；第三种方法为自定义式编程获取，准确性高，效率高，但是学习成本高，对于一般的用户而言，无疑加大了获取的难度。

2. 网络爬虫

Wanderer 是世界上第一个网络爬虫，由 Matthew Gray 于 1993 年开发。网络爬虫是自动提取网页的程序，它的实现基于互联网本身的拓扑结构是一个连通的图。通过网络爬虫将互联网中的网页进行爬取后，分析页面内容并对这些网页进行索引，进而对页面内容进行检索。搜索引擎对页面数据的搜集均使用了网络爬虫，Google 的搜索引擎采用分布式集群抓取互联网页面，以提高页面抓取效率。

由于各种网站所使用的链接方式和安全技术不同，因此需要采取不同的页面爬取方式，这些方式包括直接爬取页面完整数据、局部刷新爬取页面数据、级联页面数据、爬取规则 URL 页面、爬取非规则 URL 页面、登录验证或以特定请求格式爬取、动态变更 IP 地址爬取等。网络爬虫的基本原理如图 6 - 2 所示。

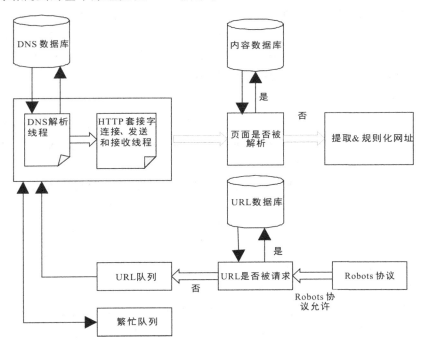

图 6 - 2　网络爬虫基本原理图

对于不同的页面爬取方式，直接爬取页面完整数据的步骤最为简单直接，通过一个请求就可以将对应 URL 的页面一次性全部获取到。更复杂的获取形式是通过触发一些特定的 AJAX 事件来局部刷新页面，从而获取完整页面。这种形式的页面可以通过两种方式获取：第一种方式是模拟用户访问的操作，按步骤触发页面的响应事件，并模拟浏览器调用脚本引擎执行相应的 JavaScript 程序，重新更新页面，以获取完整的数据；第二种方式需要分析 AJAX 异步调用过程中所访问的服务器接口，以及其对应接口的请求构造和返回值。第一种方式直接模拟了用户的行为，伪装效果好，不易被服务器端察觉为爬虫程序，但执行效率低，数据获取的效果很大程度上取决于模拟器是否完善可靠。第二种方式简单直接，效率高，但容易被判定为爬虫，并且需要逐步分析 AJAX 的调用流程，增大了工作量。

某些网站的页面需要用户登录后才能看到，这类网站对匿名非登录账户只提供了非常有限的数据，如果需要获取足够数量的数据，则需要经过用户登录验证。使用软件爬取页面时，用户登录验证主要有三种实现方式：第一种是模拟浏览器的操作，在登录页面上模拟用户输入账户信息，完成登录过程。这种方式实现简单，模拟效果好，但同样局限于JavaScript解析引擎的解析效果。第二种为构造登录的页面表单，然后提交该表单，完成服务器验证。这种方式效率高，但也需要做相应的登录表单分析工作，除非精心构造登录表单，否则也容易被服务器端检测并判定为爬虫程序，拒绝其登录。第三种则为保存某次登录的 Cookie 信息，进行伪装登录。这种方式需要先进行正常的登录验证工作，并单独提取其 Cookie 信息，供后续使用。这种方式的缺点是 Cookie 通常存在一定的有效期，过了有效期，服务器就需要用户再一次进行身份验证。

有些站点为了避免过量的爬虫访问增大其服务压力，或者避免爬虫获取业务数据后分析其商务情报，被竞争对手利用对其产生不利影响，会对某一频繁访问的 IP 地址或特定客户端请求进行阻止或设置验证步骤。例如，在发现用户对商品进行频繁访问时，会弹出一个验证码窗口用以判断目前操作的用户是爬虫还是自然人。针对这一情况，需要有动态变更 IP 地址的策略。通常，动态变更 IP 地址可以使用代理来实现，国内外均有很多免费的代理可供使用，但是需要具备协调并管理这些代理的机制和策略。

3. 数据提取

将目标页面的内容抓取下来后，下一步需要进行的工作就是提取相应的内容，即数据提取。网页的内容主要是以 HTML 格式进行组织的，一些使用了 AJAX 等技术的页面进行 JS 执行引擎渲染后即可得到相应的内容。

在数据存在形式的层面上，Web 数据存在的形式包括静态数据、动态解析数据和由 AJAX 技术动态更新的数据。不同存在形式的数据类型其各自的特述如下：

(1) 静态数据的存在形式简单，在浏览器端和服务器端是同构的，是一份数据的两份一致的副本，因此是最容易处理和提取的数据形式。

(2) 动态解析数据是由服务器程序响应浏览器请求并返回数据的，其返回数据存在较高的不可预见性，因此提升了获取数据的难度。

(3) 由 AJAX 动态更新的数据具有较高的不可预见性，这类数据是由浏览器的 Java Script 程序根据用户的特定操作而触发相应请求进而返回的，同一页面会由于用户具体的操作内容不同而产生不同的数据。因此，AJAX 形式的数据获取的难度最大，所需设计的策略也更为复杂。

一般将数据提取的程序称为网页包装器（简称为包装器），页面提取技术即为网页包装器的设计与实现。包装器按其构建模型划分为以下四大类：

(1) 基于正则表达式的包装器。一个典型的基于正则表达式的网页包装器是 W4F。W4F 为了降低用户对 HTML 语法的学习成本，使用了向导的方式指引用户标记出其目标数据，并根据这些目标数据生成相应的正则表达式，从而获取目标数据。这种方式的最大缺点就是缺少灵活性。举例来说，如果目标的 HTML 页面发生了一些细微的变化，那么之前所生成的正则表达式将会失效，找不到对应的目标数据，这就需要用户实时监视数据，并且需要根据变化再一次生成对应的正则表达式，更新包装生成器。

(2) 基于逻辑判断的包装器。基于逻辑判断选择方式的核心思想是设计一门专用的包装器编程语言来完成包装器设计工作。基于包装器设计语言的工具将网页视为一个半结构化的树状文档(即 DOM),而不是一串纯粹的字符串序列。这样做的好处是它更容易区分目标数据和非目标数据,而非单纯地将其视作文本串进行提取,准确度和灵活性都得到了提高。

(3) 基于树的包装器。基于树的包装器主要讨论的问题是包装器所提取的目标数据与树结构特征的对应关系,将数据的提取过程映射为树结构元素的匹配定位问题,并且可以有多种策略解决这一问题。这些策略又可以分为精确定位型和模式模糊匹配型两类。精确定位型主要使用一些关于目标结构描述和表示的方法来定位目标数据所处的位置,如正则表达式定位、CSS 定位等。模式模糊匹配型则使用一些算法,比较同一模板生成的页面的差异,并找到目标数据的数据槽,提取目标数据。

(4) 基于机器学习的包装器。由于抓取数据的内容大多由用户所指定,因此在基于机器学习的网页包装器中,多采用监督学习的方式。机器学习技术适用于获取互联网页面中特定领域的信息,一旦获得一个训练完备的模型,那么该模型便可有效地获取目标数据,而且灵活性好,准确度高。但机器学习依赖于特定领域研究者的经验,对于需要监督学习而言更是如此。机器学习非常重要的一个环节就是训练模型,而训练则需要特定领域的专家参与进来。研究者需要对一些页面进行手工标记,形成数量可观的数据集后,再使用该数据集对模型进行训练,获得目标网页的相关参数,进而抓取所需的数据。

一般来说,网页中的数据通常就是半结构化的 HTML 数据,可以使用树结构进行描述。在实际操作中可以把网页看作 XML 文档,并采用文档对象模型(DOM)来编程操作。在数据内容层面上,需要提取的通常为文本类型和数字类型的数据。由于 Web 是建立在 HTTP 协议上的,网络传输过程是以纯文本的形式进行传输的,因此这两种数据类型在本质上都属于文本类型,在获取页面和提取数据的方式上并无较明显的差别,只是在实际应用时做相应的数据类型转换。

这里需要说明的是,网站页面的抓取和 Web 数据的使用都需要符合法律和法规的要求,不能侵犯用户的隐私和网站的商业利益。

6.2.2　网页信息抓取实例

1. 信息抓取需求

如果我们要分析"商业分析"方面的工作机会,则可以通过采集求职类网站上与商业分析技能相关的招聘信息,了解企业对应聘者的技能需求或岗位需求。目前,国内外著名的求职类网站有领英网(http://www.linkedin.com)、Monster(http://www.monster.com)、智联招聘(http://www.zhaopin.com)、前程无忧(http://www.51job.com)、赶集网(http://ganji.com/)等网站,这些网站的数据量庞大,但是每个网站都有自己独有的特点。

下面以领英网为例讨论网页信息抓取过程。领英网是全球最大的求职社交网络平台,会员来自 200 多个国家和地区,总人数超过 36.4 千万。会员通过领英网可以联系各行业精英,也可以看到公司招聘信息及各种行业新闻,开阔眼界。

基于领英网中对会员公开的招聘信息,我们将采集描述商业分析岗位技能的数据。领英网的招聘信息页面如图 6-3 所示。

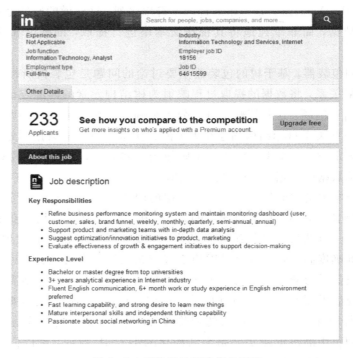

图 6-3　领英网的招聘信息页面

经过初步分析可以将领英网的数据分为两类：一类是有组织结构的数据，如公司名称、职位名称等，这类数据可以比较规范地爬取并导入到关系型数据库中直接进行分析；另一类是大量的非结构化文本数据，如职位描述等，这类数据就需要对其进行文本分析。

这里确定我们需要获取的数据包括三个维度：① 职位基本信息，包括职位名称、工作地点；② 职位详细信息，包括公司所属行业、所需雇员的经验程度、工作性质、雇主 ID、发布时间；③ 职位描述，即研究分析的主要数据成分，为纯文本格式。

2. 爬虫框架选取

爬虫的主要目的是将网站中的网页下载到本地形成备份。在此基础上，对下载到本地的网页进行解析、存储，即可得到用户所需的数据。

爬虫的一般工作流程包括：

（1）选取一部分种子 URL。

（2）将第一步选取的 URL 放入一个队列中，这个队列即为待抓取 URL 队列。

（3）从待抓取 URL 队列中一条条取出待抓取 URL，下载该 URL 对应的页面之后将其从待抓取 URL 队列中转移到另外一个队列——已抓取 URL 队列中。

（4）解析已抓取 URL 队列中的 URL，然后进入下一个循环。

定制化开发网络爬虫的最好方式是在已有的成熟的爬虫框架的基础上进行二次开发。我们选取基于 Java 的爬虫框架 WebMagic 进行二次开发。WebMagic 的设计参考了 Scrapy，它通过使用 HttpClient、Jsoup 等 Java 工具完成框架开发。WebMagic 以扩展的方式，实现了很多可以帮助开发的便捷功能，如基于注解模式的爬虫开发以及扩展了 XPath 语法的 Xsoup

等。这些功能在 WebMagic 中是可选的，它们的开发目标就是让使用者开发的爬虫尽可能简单和易维护。

WebMagic 由 Downloader、PageProcessor、Scheduler、Pipeline 四大组件构成，通过 Spider 将它们彼此组织起来。这四大组件对应爬虫生命周期中的下载、处理、管理和持久化。WebMagic 总体架构如图 6-4 所示。

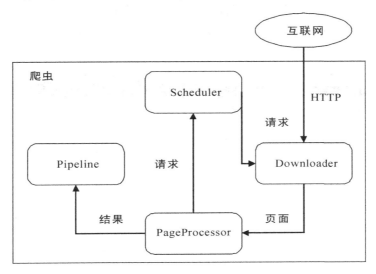

图 6-4　WebMagic 总体架构图

如图 6-4 所示，Downloader 从互联网上下载所有的目标网页，然后存入待分析目标 URL 中。WebMagic 使用的下载工具是 Apache HttpClient。

PageProcessor 是数据获取的核心，是网页解析模块。用户需根据对目标网页上的数据维度的需求选取解析后的数据。这里的解析方式主要有三种：基于正则表达式的解析、基于 Json 选择的解析以及基于 XPath 选择的解析方法。PageProcessor 对于每个站点、每个页面都不一样，是需要使用者定制的部分。

Scheduler 主要负责对抓取的 URL 进行处理。WebMagic 也支持使用 Redis 进行分布式管理。但除非项目有一些特殊的分布式需求，否则无须自己定制 Scheduler。

Pipeline 是数据存储的模块。进行网页解析后，爬取到的数据必须存储到相应的存储空间中。

3. 程序开发

针对前面提出的需求，基于 WebMagic 框架二次开发需要完成三部分开发工作：① 获取目标 URL 并进行初步分析；② 提取和解析页面内容；③ 存储数据。

1）获取目标 URL 并进行初步分析

对于领英网页面，需要用户注册并登录之后，才可以查看网站上的招聘信息。这里采取通过传送 Cookie 信息的方式访问网页。主要代码如下：

```
public Site getSite() {
    site. addHeader("Cookie", "xxxxxxx");
    return site;
```

　　　　}

　　领英网的目标页面并非静态 HTML 页面，而是使用 Ajax 技术进行 JS 执行引擎渲染后表现出来的形式。要获取需求中指出的目标数据，不能简单地从静态页面直接获取，需要通过分析页面请求以及服务器给回的 HTTP 响应得到另外一个 URL，在这个得到的 URL 上可以查找到所需的信息。使用 Google 浏览器自带的开发者工具即可找到对应的包含五个维度的二级 URL。当然这只是得到了一个页面的 URL。接下来进一步分析列表页面的结构，在领英网上输入"Business Analyst"关键词，搜索工作结束之后得到的网页结果如图 6－5 所示。

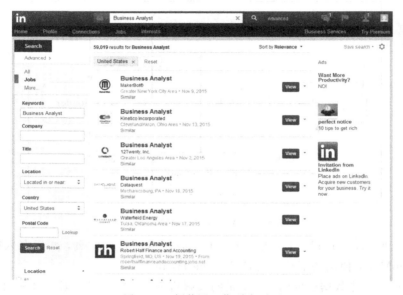

图 6－5　领英网工作列表页面

　　从图 6－5 中可以看到，这是一个列表页面，包含 25 个工作（图中只截取了一部分），每个工作都对应一个目标 URL，需要下载尽可能多的目标 URL。通过分析每个目标页面的 URL 路径组成，发现目标 URL 路径存在一些共同点，这就为获取目标 URL 提供了支持。

　　针对这个列表页面，首先获取到列表页面上所有的超链接，并进行过滤筛选，选出能成为目标 URL 的超链接路径。筛选工作主要通过选择器来实现，可用的选择器一般包括正则表达式匹配、Json 选择器和 CSS 选择器等。这里使用 Json 选择器，获取每个列表页面上的 25 个目标 URL。

　　一般情况下，列表页的 URL 路径都会带一个如"page_num＝""crru_page＝""page＝"等定位当前页数的参数。改动该参数的值即可跳转到对应页数的列表页面。开发者可以利用循环的方式获取所有的目标 URL，最后将这些目标 URL 全部存储到待抓取 URL 队列中，即完成了开发工作的第一个模块。其主要代码如下：

```
private List<String> linksList = new ArrayList<String>();
public List<String> getLinksList() {
        return linksList;
}
public void process(Page page) {
```

```
List<Selectable> list = page.getJson().jsonPath
    ("$.content.page.voltron_unified_search_json.search.results").nodes();
for (Selectable sele : list) {
        Json json = new Json(sele.get());
        linksList.add(json.jsonPath("$.job.link_viewJob").get());
}
System.out.println("一共" + linksList.size() + "个链接");
}
```

2) 提取和解析页面内容

完成了目标 URL 的抓取工作之后，下一步需要进行的工作就是提取目标页面中相应的内容，也就是进行内容的提取和解析。网页的内容主要是以 HTML 格式进行组织的，解析网页即获取 HTML 文档中用户所需的维度信息。通常对 HTML 节点使用的也是选择器技术，常用的有 CSS 选择器、正则表达式匹配、Json 选择器以及 XPath 定位技术。这里，采用 Json 选择器将得到的 HTML 代码输入寻找路径，最终每一个所需维度信息得到一个 Json 选择器路径，形如" $.decoratedJobPosting.jobPosting.description.rawText"。主要代码如下：

```
try {
        String jsonPath = "$.decoratedJobPosting.jobPosting.skillsDescription.rawText";
        Selectable skillDes = JSONValue.isValidJson(jsonPath) ? json.jsonPath(jsonPath) : null;
        dd.setSkillDes(skillDes.get());
} catch (Exception e) {
        System.out.println("找不到你指定的路径");
}
```

3) 存储数据

爬取数据的最后一个步骤即为存储数据，将网页上获取到的目标信息完整地存储到目标库中之后就完成了整个数据爬虫的设计开发。目前，常用的数据存储文件有 *.xls 文件、*.csv 文件，常用的数据库包括 SQL Server、MySQL 以及 Oracle 等。

逗号分隔值(Comma-Separated Values，CSV)文件是一种结构简单且常见的存储文本方式。它可以使用逗号、空格符等分隔符号对文本数据进行结构性存储，使文本数据成为纯文本文件。它易于操作，且可以与 Excel 互相转换，这里我们采用 CSV 文件保存解析到的数据。代码从略。

4. 程序执行

领英网提供了多元化的组合查询功能，可以选定地理位置、公司名称、发布日期(已发布了多长时间)、工作性质、行业、经验等级(副手、中高级、入门级、不匹配、经理、实习生、管理者)等属性，以帮助用户更加高效地找到自己需要的信息。

我们首先将地理位置选定为 USA，使用关键词"Business Analyst"对整个美国地区的所有商业分析岗位的工作进行搜索。网站上经验等级可选择的有 7 类，分别对每种经验等级的数据进行爬取，即可以获得满足分析的数据。

通过对网页的爬取，获得了领英网上关于商业分析岗位的数据，保存成 CSV 文件，得到的数据结果如图 6-6 所示。

	positionName	cpnyName	location	experience	industry	jobFunction	em
19	Business Develop	HubSpot	Cambridge, Massa	Entry level	Internet	Sales	Fu
20	Web Analytics Sp	The MIL Corporat	Washington, Dist	Entry level	Information Tech	Information Tech	Fu
21	Analytics Insigh	Shutterfly	New York, New Yo	Entry level	Internet	Research	Co
22	Business Technol	Information Serv	Stamford, Connec	Entry level	Information Tech	Consulting, Info	Fu
23	Advanced Info Te	The Boeing Compa	Huntsville, Alab	Entry level	Airlines/Aviatio	Analyst	Fu
24	Credit Risk Anal	Wells Fargo	Concord, Califor	Entry level	Financial Servic	Finance	Fu
25	Entry Level Anal	Teradata	San Carlos, Cali	Entry level	Computer Software	Engineering, Inf	Fu
26	Analytics Practi	Caterpillar	Champaign, Illin	Entry level	Construction, Ma	Analyst	Fu
27	Manager, Advance	VivaKi	Chicago, Illinoi	Entry level	Online Media	Analyst	Fu
28	Big Data Analyti	Allstate	Northbrook, Illi	Entry level	Financial Servic	Information Tech	Fu
29	Systems Engineer	Texas Instrument	Dallas, Texas, Un	Entry level	Consumer Electro	Engineering	Fu
30	IBM Analytics Us	IBM	Dublin, Ohio, Uni	Entry level	Information Tech	Design, Informat	Fu
31	Business Process	IBM	Annapolis, Maryl	Entry level	Information Tech	Engineering	Fu
32	Spec, PC Act Res	Nationwide Insur	Brea, California	Entry level	Insurance	Information Tech	Fu
33	Business Report	Robert Half Tech	San Ramon, Calif	Entry level	Staffing and Rec	Marketing, Infor	Fu
34	Analytics Engine	Disney Parks Re	Kissimmee, Flori	Entry level	Hospitality	Information Tech	Fu
35	Enterprse Analyti	WCW Health Syste	Richmond, Virgin	Entry level	Hospital Health	Other	Fu

图 6-6　领英网爬取的数据

数据清洗是进行数据分析之前的最后一道程序，包括检查数据的一致性，处理无效值和缺失值等。通过爬虫工具爬取到的数据很容易出现问题，因为一些目标 URL 的网页结构可能不同，于是就导致出现一些无效数据或缺失值。对于文本数据，常常还会因为描述形式与要求的结构化数据不同，需要对数据进行格式化，以保持数据的一致性。

从领英网上获取到的数据主要存在三个问题：其一是由于某些网页的结构差异，工作描述和技能需求放到了一起，导致有的数据中 skill description 为空；其二是有些数据因为网页结构的差异导致地理位置、行业等字段值为空，即为无效数据；其三是 location 字段的描述形式不一致，不是固定的格式。例如，工作地点 Greater Seattle Area、Gwynedd PA US、Back Bay、Atlanta、Washington D.C. 等，有的具体到地区，有的具体到城市，有的具体到州名。这三个问题是数据清洗工作需要完成的。具体的清洗过程，这里不再赘述。

经过去重和筛选等数据清洗处理后，得到了能够开展进一步分析的有效数据。有效数据通过词频分析就可以得到如图 6-7 所示的标签云。

图 6-7　标签云

6.3 中 文 分 词

6.3.1 基本概念

在印欧语系中，由于词之间有空格，因此词的识别不是难点。然而在中文、日文等语系中识别出词却是一个难点，因为没有自然空格来标识一个词的边界。因此，在处理这些自然语言时首先要解决的问题就是分词，即自动识别词边界，将汉字串切分为正确的词串。这个过程对计算机而言并不是一个容易的工作，该难点至今没有得到完善的解决，并直接影响到了针对这些语言的自然语言处理系统的效率和精度。

计算机中文信息处理就是要"用计算机对汉语的音、形、义进行处理"，词是语言中最小的能够独立活动的有意义的语言成分，是信息处理的基本单位。中文分词就是把输入计算机的汉语语句自动切分为词的序列的过程。

在中文信息处理中，自动分词是现代汉语进行句法分析的第一步，是语义分析的基础。句法研究组词成句的规律，没有词就无所谓组词成句，因而也就无所谓句法。语义是语言中的概念与概念之间的关系，而词是表达概念的，没有词就无所谓概念，因而也就无所谓语义研究。

中文分词系统需要具有开放性、准确性、通用性和实用性，在词频统计、作家作品风格研究、自动标引、自动分类、机器翻译、信息检索、信息抽取等方面的研究，也必须首先分词。在这些应用和研究领域，没有准确高效的分词策略，汉语的进一步分析必将受到严重影响。

中文分词要解决的主要问题有以下几点：

（1）词的界定及分词规范问题。分词在标准上若不能达成共识，那么在词表和带标注的语料库等重要资源上就不能做到共享与复用，势必将造成重复开发。

（2）分词和理解的先后问题。计算机不可能像人那样先理解后分词，因此自动分词只能是在知识严重短缺的条件下去追求比较好的分词结果。

（3）歧义切分字段问题。一个句子经常对应几个合法词序列。例如，"乒乓球拍卖完了"字段可以产生"乒乓/球拍/卖/完/了"和"乒乓球/拍卖/完/了"两种切分结果。中文分词需要在这些可能的序列中选出一个正确的结果。

（4）未登录词的识别。未登录词是指没有加入分词词典而实际文本中存在的词汇，可能会引起分词错误。未登录词的识别是影响分词精度的主要因素，因而也是当前中文自动分词研究的重点和难点。

中文分词技术在实际中应用广泛，在搜索引擎中的应用具有代表性。对于搜索引擎来说，最重要的是把最相关的结果排在最前面，也称为相关度排序。中文分词的准确与否，常常会直接影响到对搜索结果的相关度排序。其他应用也会用到分词，比如机器翻译（MT）、语音合成、自动分类、自动摘要、自动校对等。

6.3.2 常见的分词方法

1. 词典分词法

词典分词法是按照一定策略，将待分析的汉字串与一个"充分大"的机器词典中的词条进行匹配，若在待分析的汉字串中找到某个词典中的字符串，则匹配成功。

按照扫描方向的不同以及不同长度优先匹配的情况，词典分词法可以分为正向最大匹配法（Forward Maximum Matching Method）、逆向最大匹配法（Backward Maximum Matching Method）和双向最大匹配法（Bi-Directction Matching Method）。

1）正向最大匹配法

该方法以词典为依据，取词典中最长的词作为第一次取字数量的扫描串，在待分析的汉字串中从前往后进行扫描。其算法流程如图 6-8 所示。

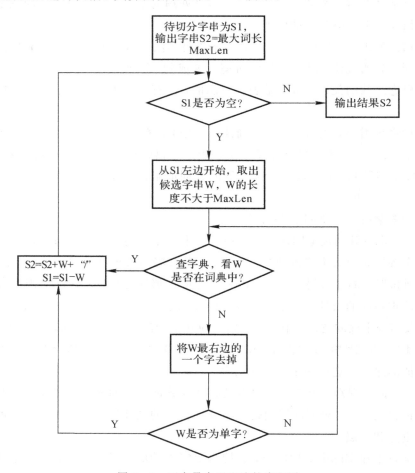

图 6-8　正向最大匹配法的流程图

例如，词典中最长的词"中华人民共和国"共 7 个汉字，则最大匹配起始字数为 7 个汉字，然后逐字递减，在对应的词典中进行查找。

下面通过"我们在野生动物园玩"字段进行详细说明，具体内容如下：

正向(即从前往后)取词,从 7 个字到 1 个字,每次减一个字,直到词典命中或剩下 1 个单字。

第 1 轮扫描:

第 1 次:"我们在野生动物",扫描 7 字词典,无

第 2 次:"我们在野生动",扫描 6 字词典,无

　　⋮

第 6 次:"我们",扫描 2 字词典,有

扫描中止,输出第 1 个词"我们",去除第 1 个词后开始第 2 轮扫描。

第 2 轮扫描:

第 1 次:"在野生动物园玩",扫描 7 字词典,无

第 2 次:"在野生动物园",扫描 6 字词典,无

　　⋮

第 6 次:"在野",扫描 2 字词典,有

扫描中止,输出第 2 个词"在野",去除第 2 个词后开始第 3 轮扫描。

第 3 轮扫描:

第 1 次:"生动物园玩",扫描 5 字词典,无

第 2 次:"生动物园",扫描 4 字词典,无

第 3 次:"生动物",扫描 3 字词典,无

第 4 次:"生动",扫描 2 字词典,有

扫描中止,输出第 3 个词"生动",开始第 4 轮扫描。

第 4 轮扫描:

第 1 次:"物园玩",扫描 3 字词典,无

第 2 次:"物园",扫描 2 字词典,无

第 3 次:"物",扫描 1 字词典,无

扫描中止,输出第 4 个词"物",非字典词数加 1,开始第 5 轮扫描。

第 5 轮扫描:

第 1 次:"园玩",扫描 2 字词典,无

第 2 次:"园",扫描 1 词典字,有

扫描中止,输出第 5 个词"园",单字字典词数加 1,开始第 6 轮扫描。

第 6 轮扫描:

第 1 次:"玩",扫描 1 字词典,有

扫描中止,输出第 6 个词"玩",单字字典词数加 1,整体扫描结束。

正向最大匹配法的最终切分结果为"我们/在野/生动/物/园/玩",其中,单字字典词为 2 个,非词典词为 1 个。

2) 逆向最大匹配法

逆向最大匹配法是从后往前取词为"在野生动物园玩",其他逻辑同正向最大匹配法。

第 1 轮扫描:

第 1 次:"在野生动物园玩",扫描 7 字词典,无

第 2 次:"野生动物园玩",扫描 6 字词典,无

⋮

第 7 次："玩"，扫描 1 字词典，有

扫描中止，输出"玩"，单字字典词加 1，开始第 2 轮扫描。

第 2 轮扫描：

第 1 次："们在野生动物园"，扫描 7 字词典，无

第 2 次："在野生动物园"，扫描 6 字词典，无

第 3 次："野生动物园"，扫描 5 字词典，有

扫描中止，输出"野生动物园"，开始第 3 轮扫描。

第 3 轮扫描：

第 1 次："我们在"，扫描 3 字词典，无

第 2 次："们在"，扫描 2 字词典，无

第 3 次："在"，扫描 1 字词典，有

扫描中止，输出"在"，单字字典词加 1，开始第 4 轮扫描。

第 4 轮扫描：

第 1 次："我们"，扫描 2 字词典，有

扫描中止，输出"我们"，整体扫描结束。

逆向最大匹配法的最终切分结果为"我们/在/野生动物园/玩"，其中，单字字典词为 2 个，非词典词为 0 个。

3）双向最大匹配法

正向最大匹配法和逆向最大匹配法都有其局限性，因此研究人员又提出了双向最大匹配法，即用两种算法都切分一遍，然后根据大颗粒度词越多越好，非词典词和单字字典词越少越好的原则，选取其中一种分词结果输出。

例如，"我们在野生动物园玩"，正向最大匹配法的最终切分结果为"我们/在野/生动/物/园/玩"，其中，两字词为 3 个，单字字典词为 2 个，非词典词为 1 个；逆向最大匹配法的最终切分结果为"我们/在/野生动物园/玩"，其中，五字词为 1 个，两字词为 1 个，单字字典词为 2 个，非词典词为 0 个。

非词典词：正向（1）＞逆向（0）（越少越好）。

单字字典词：正向（2）＝逆向（2）（越少越好）。

总词数：正向（6）＞逆向（4）（越少越好）。

因此最终输出为逆向结果。

基于词典的中文分词方法的优点在于简单易懂，不依赖于训练数据，但由于完全依赖词典，词典的完备性很大程度上决定了分词的准确性和效果，因此对于未登录词的识别和歧义处理是一大难点。以下几种中文分词方法可以弥补基于词典的分词方法的不足。

2. 统计分词法

文本中相邻的字同时出现的次数越多，越有可能是一个词。基于统计模型的分词算法通过计算上下文中相邻的字联合出现的频率，可以判断它们成词的概率，这种方法只需统计语料中的字组频率，而不需要词典，因而称为无词典分词法或统计分词法。实际应用的统计分词系统都要使用基本的分词词典（常用词词典）进行串匹配分词，同时使用统计方法

识别一些新的词，即将串频统计和串匹配结合起来，既发挥了匹配分词切分速度快、效率高的特点，又利用了无词典分词结合上下文识别生词、自动消除歧义的优点。

3. 基于序列标注的分词法

针对基于词典的机械切分所面对的问题，尤其是未登录词的识别，使用基于统计模型的分词方式能够取得更好的效果。基于统计模型的分词方法，简单来讲就是一个序列标注问题。解决序列标注问题的常见模型主要有隐马尔科夫模型（Hidden Markov Model，HMM）和条件随机场模型（Conditional Random Field，CRF）。

4. 神经网络（ANN）分词法

神经网络分词法是将与分词相关的知识存入神经网络内部，通过学习和训练修改内部权值，以达到正确的分词结果。以神经网络为基础的中文分词模型如图6-9所示。将待切分的中文句子输入该模型，预处理模块将先对输入的句子进行编码，每个编码后的句子都将成为神经网络的一组输入。神经网络的一组输出表示对句子的一种切分，这些输出经过规范化处理即可得出对句子的切分结果。

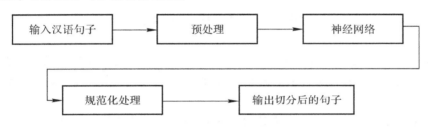

图6-9　基于神经网络的中文分词模型

6.3.3　开源中文分词器

目前开源中文分词器有很多，主要的几种分词器的特征比较如表6-1所示。

表6-1　代表性中文分词器的特征比较

中文分词器	算法	开发语言	操作系统	字符编码
IKAnalyzer	正向最细粒度切分算法	Java	Linux/Windows	UTF-8
盘古分词	字典和统计结合的算法	C♯.NET	Windows	GBK
Paoding	细粒度切分算法	Java	Linux/Windows	UTF-8/GBK
imdict-chinese-analyzer	HHMM模型	Java	Linux/Windows	Unicode
Jieba	HMM模型（Viterbi算法）	Python	Linux/Windows	Unicode
mmseg4j	MMEG算法	Java	Linux/Windows	UTF-8
Ansj	HMM模型（Viterbi算法）	Java	Linux/Windows	UTF-8

用北大语料库对常见的中文分词器进行测评、比较可得到精准率、召回率和F指数等指标，使用搜狗文本分类语料库可得到分词耗时指标（软硬件设备配置不同会影响耗时指标的数值，这里的数值仅供参考），如表6-2所示。从表6-2中可以看出，不同的中文分

词器的优势各有不同。

表 6-2 北大语料库测评结果

中文分词器	精准率（Precision）	召回率（Recall）	F 指数（F-mesure）	耗时/s
IKAnalyzer	0.959	0.954	0.937	115.335
盘古分词	0.942	0.933	0.937	243.487
Paoding	0.985	0.963	0.974	90.403
imdict-chinese-analyzer	0.976	0.956	0.966	351.180
Jieba	0.893	0.856	0.874	304.356
mmseg4j	0.971	0.963	0.967	141.196
Ansj	0.962	0.941	0.951	224.986

6.4 情 感 分 析

随着 Web 2.0 的迅速发展和 Web 3.0 的兴起，越来越多的人通过互联网发表他们对商品服务的意见交流、对各种事件的看法和对各种社会现象的观点态度等，这推动着网络舆情的发展。

人们对某种事物进行评论或者表达自己观点的时候，常常伴随情感色彩，这种信息往往具有很重要的应用价值。例如，购买商品时，我们希望将已经使用过产品的用户的情感倾向（肯定或否定）意见作为参考；而作为商家，可以通过客户偏好挖掘和分析新产品的营销策略。文本情感分析（Sentiment Analysis）的研究就此产生，并且发挥着重要作用。

情感分析是对文本中关于某个实体的观点、情感、情绪及态度的计算研究。情感分析的目标就是明确评论者对所评论对象的态度。它利用自然语言处理（Natural Language Processing，NLP）、文本分析、机器学习、计算语言学（Computational Linguistics）等方法对带有情感色彩的文本进行分析、处理、推理和归纳。

总体来看，文本情感分析大致可以分为词语情感分析、句子情感分析、篇章情感分析，以及海量信息的整体倾向性预测四个主要层次。首先，词语情感分析涉及基础情感词典或词库的建立，可以利用基于知网（HowNet）情感词典的构建方法；在将互联网上带有情感倾向的文本经过预处理、分词等过程转化为标准文本之后，要对其中的情感词进行识别与提取，并将其表示成向量空间模型（即 VSM）形式，然后判别情感词的原极性和修饰极性。其次，根据所有带有主观色彩的情感词的最终极性来识别出句子的情感。最后，得出整篇文本的情感。

如图 6-10 所示，根据后续所采用方法的不同可以将中文情感分析的方法总结为三类：一是基于先验知识（情感词典）的方法；二是基于机器学习算法的分析方法；三是词典与机器学习混合的方法。基于先验知识的方法是采用情感词典中的单词或短语来标注文本中情感词的极性，然后根据一定的计算公式（如代数求和）得到文本的最终情感极性。基于机器学习的方法是将情感分析的问题转化成判别文本情感类别的二分类或多分类问题（积极情绪、消极情绪）。

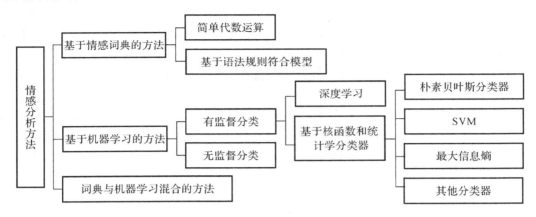

图 6-10　情感分析方法

词语是自然语言中最小的、有意义的构成单位。因此，情感词典等相关资源的建立是进行情感倾向分析的必然途径。但是如果只看这些情感词，则只能了解这些词所表达的情感信息，而情感程度副词和否定副词等修饰词能够有效并准确地表达作者的情感语气。构建高质量、大规模、标注规范的情感语料库是推动文本情感分析发展的前提条件。

1. 基于情感词典的方法

基于情感词典的方法中，最简单直接的是代数运算分析方法。该法将文档分词处理后的结果中的词逐个在情感词典中查找对应的情感极性值，然后将所有的值进行求和。如果最终结果大于零，则文档情感极性为积极的，否则为消极的。第二种处理方法是考虑语言的语法规格等，采用更复杂的分析模型。例如，采用位置索引敏感的算法计算每个分词的情感倾向，然后计算各位置情感倾向值的平均值作为最终的情感倾向。

2. 基于机器学习的方法

机器学习方法的方法是先选出一部分表达积极情感的文本和一部分表达消极情感的文本，用机器学习方法进行训练，获得一个情感分类器，再通过这个情感分类器对所有文本进行积极和消极的二分类。最终的分类可以为文本给出 0 或 1 这样的类别，也可以给出一个概率值，比如"这个文本的积极概率是 90%，消极概率是 10%"。

3. 词典与机器学习混合的方法

部分情感分类的研究工作将基于情感词典的方法和基于机器学习的方法相融合。这类混合方法的思路主要分为两种：

（1）将"词典＋规则"视作简单的分类器，然后融合多种不同的分类器进行情感分类。

（2）将词典信息作为一种特征与现有特征（如句法特征、POS 特征等）进行组合，然后选择最优的特征组合进行情感分类。

Fang Ji 等学者提出将词典信息融入支持向量机分类器中，解决语句级别的情感分类问题。该方法中，将评论语句中的名词、动词、形容词和副词作为该语句的 Unigrams 特征词。通过判断词性可以抽取句中的 Unigrams 特征词序列，若 Unigrams 特征词序列中出现了包含于 MPQA（情感词典）中的情感词，则将该情感词的极性词（Positive 或 Negative）插入特征词序列中。若词序列中出现多个情感词，仍按上述方法在 Unigrams 特征词序列中插入相应的极性词。然后，利用 Bag-of-Words 模型将特征词序列转化成对应的特征向量。特征向量中的元素代表词序列中词汇出现的次数。通过这种方法将词典信息融入语句的特征向量中，再使用支持向量机分类器进行情感分类。

情感分析是一种基于自然语言处理的分类技术。其主要解决的问题判断给定文本的情感倾向。情感分析的应用随着 Web 2.0 时代的发展越来越广泛，如网络评论分析、人机交换等。利用情感分析，可以大大提升人们对于事物的理解效率，也可以利用情感分析的结论为其他人或事物服务。比如，不少基金公司利用人们对于某家公司、某个行业、某件事情的看法态度来预测未来股票的涨跌。因此，高效科学的情感分析对于基于互联网的生产和生活具有重要意义。

6.5 思 考 题

(1) 简述 Web 挖掘的概念和主要类型。

(2) 简述网页信息抓取的原理和方法。

(3) 简述中文分词的主要方法。

第 7 章　用户画像与推荐系统

7.1　用户画像

7.1.1　用户画像的基本概念

1. 用户画像的定义

一般来说，用户画像有两层含义：用户角色（User Persona）和用户画像（User Profile）。这两个概念各有侧重且极易混淆。其中，用户角色更倾向于从用户群体中抽象出不同类型的典型用户，比如银行业务中的存款客户和贷款客户就是不同的用户角色；用户画像是在某一特定情境下，将用户的行为数据抽象为描述用户属性及行为的标签，即用户信息的标签化。用户画像更侧重于从不同维度对同一类用户进行刻画，从而进一步细分和具象某一类用户。比如，在证券投资领域，证券公司可以根据客户的收入水平、家庭结构、年龄大小、工作性质、投资能力、专业知识水平等维度将其划分为保守型、稳健型、平衡型和激进型等多种类型的用户。在商业智能领域中，应用较多的一般是用户画像的第二种含义，即对某一用户或某一类用户进行多维度刻画，从而实现个性化推荐、精准营销等商业目标。

2. 用户画像的特点

1）真实性

用户画像的真实性主要是指用户画像是建立在真实用户数据的基础上的用户标签集合，它是针对产品或服务目标群体真实特征的勾勒，是真实用户的综合原型。作为实际用户的虚拟代表，用户画像所形成的标签集合并不是脱离产品和市场之外所构建出来的，所形成的用户画像是某一用户或某一类用户的基本属性和行为的真实反映，能够代表所刻画的用户。

2）标签化

用户画像的实质是标签化的用户全貌，即通过收集用户的基本信息、行为数据、消费数据等信息，最终提炼出能够反映用户特征的标签，进而生成用户画像。

3）动态性

从用户的数据来源分析，用户的行为、消费等数据是随着时间不断更新和变化的，用户每次新的行为都会使系统内已有的用户画像丧失时效性。同时，周围的环境以及其他用户的行为均会对用户的行为产生影响，使得用户画像的参考价值逐渐变低，精准性变差，进而失去参考价值。因此，用户画像不能一成不变，需要根据用户的行为进行实时的更新迭代，从而更加精准地描述用户特征。

4）领域性

与用户画像在时间上的局限性（动态性）相似，在不同的应用领域，其用户画像的数据来源及刻画重点均存在较大差异，没有任何一个画像一经建立就适用于所有的应用领域。

3. 用户画像的分类

1）单个用户画像

单个用户画像的研究对象是某一特定场景下的具体用户，通过对用户的多维度特征的抽取分析，分别赋予不同的标签，可以对不同用户做出个体区分，直接反映出具体用户的行为、兴趣、需求等特点，从而方便对特定用户的信息查询。同时，通过对具体用户进行多方面的特征分析，可以深入了解用户需求，并在此基础上对具体用户的个性化需求做出反馈。

2）群体用户画像

群体用户画像的研究对象是某一特定情境下的特定用户群体，通过对群体用户的数据进行特征抽取，将具有相似特征的用户进行聚类，构建不同类型的典型用户画像，并根据不同类型的用户画像进一步识别用户群体。除此之外，通过对用户群体构建用户画像，可以帮助推荐系统的设计人员更方便地从海量用户群体中发现存在的差异化特征，进一步根据该差异化特征精准设计并提供有针对性的产品及服务。

7.1.2　单个用户画像的基本流程

单个用户画像的基本流程从原始的数据输入到模型应用可以具体分为五部分，首先将数据经 ETL（抽取、转换、加载）后集中存储在数据仓库，然后利用相关技术对数据建模、挖掘、预测建立用户画像模型，最后将建立好的用户画像通过数据接口调用到 BI 报表、经营分析、精准营销、个性化推荐等应用系统模块，实现用户画像的商务应用。单个用户画像的基本流程如图 7-1 所示。

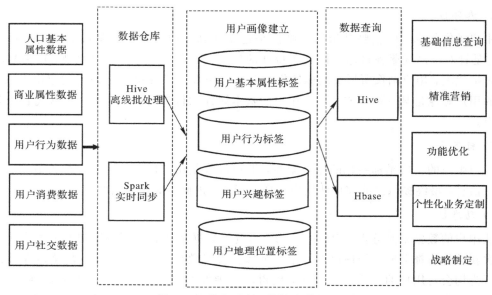

图 7-1　单个用户画像的基本流程

1. 数据收集

1) 数据类型

用户画像的数据源一般可以分为静态信息数据与动态信息数据。静态信息数据一般指用户较为稳定的、在较长时间内不会改变的数据，主要包括人口基本属性、商业属性等方面的数据。通常静态信息数据在构建用户画像时不需要建模预测，只需要对相关数据进行结构化和清洗，去除噪声和不规则数据即可；动态信息数据是指随时间变化的信息，主要包括用户行为数据、消费数据、社交数据等。图 7-2 以电商网站为例，具体说明了用户画像数据类型是如何分类的。

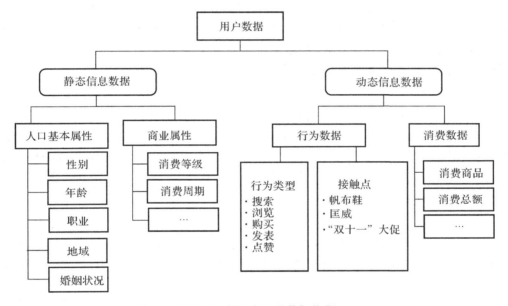

图 7-2　某电商网站数据分类

2) 数据收集方法

用户画像在前期数据收集阶段主要通过社会调查、网络数据采集和平台数据库采集三种方法来获取。

（1）社会调查。社会调查指通过访谈、观察、调研等社会调查的方法，直接收集获取用户画像所需要的数据。利用该方法收集的数据有较强的代表性且准确性较高，但是如果需要大量数据，则此方法会耗费大量的时间、人力、物力，经济性较差。因此，在实际应用中较少采用此方法。

（2）网络数据采集。网络数据采集指使用网络采集方法获取用户公开数据。例如，在实际应用中，通过网络爬虫的方法获取用户浏览网站、微博文本、用户信息等数据。需要注意在网络数据采集中避免涉及企业或网站的非公开数据或相关商业秘密。

（3）平台数据库采集。一般企业都有自己的数据库，其中有大量真实可靠的数据，建立用户画像时可以直接从企业数据库中采集用户数据。比如，通过客户关系管理系统、网站系统及相关的微信、APP 等移动平台的用户数据库可以直接采集用户数据。除此之外，也可以通过购买接口来获得数据。

2. 数据清洗

数据收集完成后的另一个重要工作是数据清洗，其结果质量直接关系到后续用户标签及画像的准确性，从而影响精准营销、个性化推荐等商务应用的有效性。数据清洗工作主要包括去除/补全有缺失的数据、去除/修改格式和内容错误的数据、去除/修改逻辑错误的数据、去除非必需数据、验证不同来源数据的关联性五个阶段。

3. 特征提取

特征提取是指在收集用户数据的基础上，对其进行整理和分类，并通过一定的数据挖掘方法从中抽取用户特征，进一步提炼得到用户标签并构建用户画像的过程。

特征提取实质上是从用户特征中提炼出用户标签的过程。在实际应用中，无论是人口属性、兴趣属性还是地理位置属性，标签的建立均不是单一的，而是需要在形成底层标签的基础上，综合考虑不同数据来源，形成更上层的抽象用户标签，从而建立完善的用户画像标签体系结构，从不同维度和粒度对用户进行描述。

1）人口属性标签

人口基本属性一般包括性别、年龄、职业、收入等个人信息，这一类标签比较稳定。实际应用中，如果网站、APP 个人信息是选填，即不是全部用户都提供人口基本属性数据，则通常可使用标签扩散模型来提取人口特征。也就是说，用填写了信息的这部分用户作为样本，把用户的行为数据作为特征训练模型，对无标签的用户进行人口属性的预测。

2）兴趣属性标签

用户兴趣偏好用来反映用户的潜在兴趣，是互联网广告、个性化推荐、精准营销等互联网领域应用最广泛的画像标签。兴趣画像主要是从用户海量行为日志中进行核心信息的抽取、标签化和统计。其中用户的行为主要包括浏览、关注、点赞、评论、发文等。

根据用户行为的不同，我们可以将用户分为活跃用户与非活跃用户，针对这两类用户分别采取不同的兴趣画像构建方法。

（1）活跃用户是指在网站上主动发表文章的用户。对于这类用户，可以通过分析用户发表的文章生成相应的兴趣画像。通过文本分析可以获取文章关键词，构建兴趣偏好词典、赋予不同的兴趣偏好权重，也可以得到活跃用户的兴趣爱好标签。

（2）非活跃用户是指在网站上很少甚至从不发表原创文章，主要行为是关注、浏览、点赞等的用户。上述通过分析用户发表文章确定兴趣标签的文章显然不适用于此类用户。针对该类用户，可以计算用户所关注账户信息或所点赞文章信息中每个实体概念所属网站类别的权重，得到由网站类别构成的兴趣爱好，并将其作为非活跃用户的兴趣爱好。

在构建兴趣爱好标签时，需要注意以下两个问题：

（1）构建兴趣爱好标签时，需要注意粒度。过细的粒度会导致标签没有泛化能力和使用价值，过粗的粒度会导致没有区分度。因此，在实际应用中一般选择构建层次化的兴趣标签体系，同时用几个粒度的标签去匹配以达到标签泛化能力和区分度的要求。

（2）由于兴趣属性随时间变化很快，有很强的时效性，同时用户的兴趣累加是线性的，旧的兴趣权重可能会高于新的兴趣权重，因此，在大多数情境下需要对兴趣爱好从次数、时间两方面进行衰减。

次数衰减：

$$\text{score}_{i+1} = \alpha \cdot \text{score}_i + C \cdot \text{weight} \quad (0 < \alpha < 1) \tag{7-1}$$

式中：α 表示次数衰减因子；C 表示某关键词在文章中是否出现，出现取 1，否则取 0；weight 表示该关键词在文章中的权重。

时间衰减：

$$\text{score}_{\text{day}+1} = \text{score}_{\text{day}} \cdot \beta \quad (0 < \beta < 1) \tag{7-2}$$

式中：β 表示时间衰减因子，根据用户兴趣变化的速度、用户活跃度等因素，也可以对兴趣进行周级别、月级别或小时级别的衰减。

3）地理位置属性标签

地理位置属性主要包括常驻地数据和 GPS 轨迹数据，这类属性标签的动态性较大。GPS 轨迹标签通常需要实时更新，而常驻地标签一般可以根据需要定期更新。

（1）常驻地包括国家、省级、市级等级别，其挖掘主要基于用户的 IP 地址信息，对用户的 IP 地址进行解析，得到常驻城市标签。除此之外，还可以通过用户在各个城市之间的出行轨迹识别出差人群、旅游人群等。

（2）GPS 标签通常从手机端基于位置的服务（Location Based Services，LBS）进行收集，并将其与兴趣点（Point Of Interest，POI）相匹配，对用户进行实时个性化推荐，实现地理位置画像的商务应用。GPS 地理位置画像流程如图 7-3 所示。

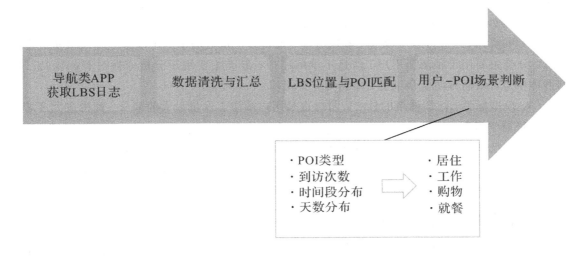

图 7-3 GPS 地理位置画像流程

4）标签体系

在商业智能系统中，可以将一系列标签分层构成标签体系。标签体系的层次包括原始数据、事实标签、模型标签和高级标签，如图 7-4 所示。

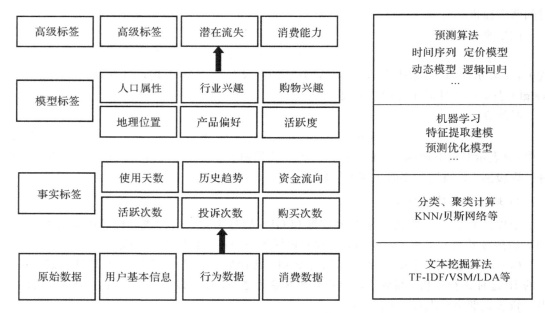

图 7-4　用户画像标签体系

标签体系在建立过程中需要应用多种数据挖掘算法进行统计、建模。

（1）原始数据：主要使用文本挖掘的算法进行分析，如 TF - IDF、主题模型（Topic Model）、隐狄利克雷分配（Latent Dirichlet Allocation，LDA）模型等算法，主要工作是对原数据进行预处理和清洗，对用户数据进行匹配和标识。

（2）事实标签：基于原始数据，利用分类、聚类算法从数据中尽可能多地提取事实数据信息。分类主要用于预测新用户、信息不全的用户；聚类主要用于分析挖掘具有相同特征的群体信息，从而方便受众细分、市场细分等工作。

（3）模型标签：标签体系的核心，同时也是用户画像工作量最大的部分。其构造大多需要用到机器学习和自然语言处理技术。

（4）高级标签：基于事实标签和模型标签进行统计建模得出的，其构造多与实际业务紧密相连，可用于对用户进行流失预测、忠诚度预测，从而实现精准营销、个性化等商务应用。这一标签层级的建立可以使用有监督的机器学习算法或回归算法等。

7.1.3　群体用户画像的流程

用户画像广泛应用于各类推荐系统的设计。在推荐系统中，除了单个用户画像外，还需要包含用户间的关联分析，进而发现核心的、规模较大的用户群体画像，从而可以优先满足核心用户群的需求。

群体用户画像构建一般是在单用户画像构建的基础上，通过特征属性归纳或相似度计算进行聚类，从而实现用户分类、市场细分等目标。群体用户画像的具体流程主要分为以下阶段。

1. 单个用户画像获取

可以利用数据收集、数据清洗和特征提取方法获取大量的单个用户画像数据，也可以通过推荐系统的数据统计模块计算获得相关数据，作为进一步计算的数据基础。

2. 用户画像相似度计算

用户画像相似度计算主要是针对不同的用户画像计算其相互间的相似程度，将相似度高的用户画像归为一类。用户画像相似度是区分用户群体的重要指标。

用户画像中的标签主要分为定性标签与定量标签两类。针对这两类标签，有不同的相似度计算方法。

1）定量标签相似度计算

定量标签有确定的数值，如年龄、收入等数据，其相似度计算相对比较简单，计算公式如下：

$$\text{sim}(u_i, u_j) = \sum_k w_k \text{sim}(\text{profile}_k(u_i), \text{profile}_k(u_j)) \tag{7-3}$$

式中：w_k 表示第 k 个定量标签的权重；$\text{sim}(\text{profile}_k(u_i), \text{profile}_k(u_j))$ 表示用户画像 u_i 和用户画像 u_j 在第 k 个定量标签的相似度。

用户画像相似度计算一般基于多个定量标签，然而不同定量标签数值的取值范围可能存在数量级级别的差异。因此，在计算相似度之前需要对不同定量标签的数据进行归一化处理，将不同取值范围的定量标签数据统一映射到 [0，1] 区间。常用的归一化方法有线性函数转换、对数函数转换、反正切函数转换等。

线性函数转换：

$$Y = \left| \frac{X - X_{\min}}{X_{\max} - X_{\min}} \right| \tag{7-4}$$

对数函数转换：

$$Y = \lg X \tag{7-5}$$

反正切函数转换：

$$Y = \frac{\arctan x^2}{\pi} \tag{7-6}$$

式中：X、Y 表示标签转换前、后的值。

定量标签的相似度计算应根据不同的用户画像采取不同的计算方式。常用的距离计算方式有欧氏距离、曼哈顿距离、余弦相似度、Jaccard 系数等。

欧式距离指多维空间中两点的真实距离，计算公式为

$$\text{sim}(U_i, U_j) = \sqrt{\sum_k \left[\text{profile}_k(U_i) - \text{profile}_k(U_j) \right]^2} \tag{7-7}$$

曼哈顿距离指两个点在标准坐标系的绝对距离总和，计算公式为

$$\text{sim}(U_i, U_j) = \sum_k \left| \text{profile}_k(U_i) - \text{profile}_k(U_j) \right| \tag{7-8}$$

余弦相似度指用向量的余弦夹角度量用户间的相似性，计算公式为

$$\text{sim}(U_i, U_j) = \sum_k \left[\frac{\text{profile}_k(U_i)}{\sqrt{\sum_k \text{profile}_k(U_i)^2}} \times \frac{\text{profile}_k(U_j)}{\sqrt{\sum_k \text{profile}_k(U_j)^2}} \right] \tag{7-9}$$

对于取值只为 0 和 1 的二元变量，常用的相似度计算方法是 Jaccard 系数，计算公式为

$$\text{sim}(U_i, U_j) = \left| \frac{\text{profile}(U_i) \bigcap \text{profile}(U_j)}{\text{profile}(U_i) \bigcup \text{profile}(U_j)} \right| \tag{7-10}$$

2）定性标签相似度计算

定性标签没有确定的数值，因此其相似度计算不能采取定量标签的计算方法。定性标签相似度的计算有两个方法：一个是将定性标签映射为定量标签，之后采用定量标签的相似度计算方法；另一个是采用基于概念的相似度计算方法。

3. 用户画像聚类及群体用户画像生成

单个用户画像间相似度的计算完成后，需要根据相似度计算结果进行分类，即进行用户画像聚类。通过聚类分析可以将单个用户画像分成若干类别，使得类别内差异最小，类别间差异最大。通过聚类结果可以发现用户画像间隐含的信息，从而提取核心用户画像。在实际应用中，应该根据用户画像多维数据集所呈现出的不同数据结构选择合适的聚类算法。

根据用户画像聚类结果，可抽象出每个聚类的群体用户画像。比如，在 K-Means 聚类算法中，将最后一次迭代中聚类的中心节点的数据作为该聚类的群体用户画像，再针对不同类别的用户分别建立有代表性的典型用户画像。

7.1.4 用户画像的评估

用户画像是精准营销、个性化推荐等商务应用的基础环节，构建有效的画像对于企业至关重要。因此，用户画像构建完成后需要对画像从多方面进行评估。一般对于用户的画像是多维度画像，各个维度画像评估难易程度大不相同。人口属性画像的相关指标较容易评估；而兴趣画像标签较为模糊且层级较多，人为评估较为困难。对于这类画像，通常采用的评估方法是设计小流量的 A/B-test 进行验证，即筛选一部分标签用户，给这部分用户进行相关标签的推送，观察标签用户对相关内容是否有更好的反馈，是否给企业带来较大的业务提升。

用户画像的评估指标主要是准确率、覆盖率、时效性等。

1. 准确率

标签的准确率是指被打上正确标签的用户比例，是用户画像最核心的指标。一个准确率非常低的标签是没有应用价值的。准确率的计算公式如下：

$$\text{precision} = \frac{|U_{\text{tag}=\text{true}}|}{|U_{\text{tag}}|} \qquad (7-11)$$

式中，$|U_{\text{tag}}|$ 表示打上标签的用户数；$|U_{\text{tag}=\text{true}}|$ 表示标签用户中打对标签的用户数。

准确率的评估一般有两种方法：一种是在标注数据集里留一部分测试数据用于计算模型的准确率；另一种是在全量用户中抽一批用户进行人工标注，评估准确率。

2. 覆盖率

标签的覆盖率是指被打上标签的用户占全量用户的比例，覆盖率越高，用户画像效果越好。但覆盖率和准确率是一对矛盾的指标，需要对二者进行权衡。一般的做法是在准确率符合一定标准的情况下，尽可能地提升覆盖率。

用户画像要求覆盖尽可能多的用户，同时给每个用户打上尽可能多的标签。因此，标签整体的覆盖率一般拆解为两个指标来评估：一个是标签覆盖的用户比例，另一个是覆盖用户的人均标签数。前一个指标是覆盖的广度，后一个指标是覆盖的密度。其具体计算公式如下：

$$用户覆盖比例 = \frac{|U_{tag}|}{|U|} \qquad (7-12)$$

$$人均标签数 = \frac{\sum_{i=1}^{n} tag_i}{|U_{tag}|} \qquad (7-13)$$

式中：$|U|$ 表示用户总数；tag_i 表示第 i 个用户的标签数。

3. 时效性

一个简单的用户画像库会有数百个特征标签，各个标签的时效性要求不同，有些标签的时效性很强，如兴趣标签、出现轨迹标签等；有些标签基本固定不变，如性别、所在城市等，可以有一年到几年的有效期。对于不同的标签，需要建立合理的更新机制，以保证标签时间的有效性。

用户画像在构建和评估完成后，需要一个可视化平台以直观、明了的可视化图形将构建的用户画像呈现出来，表现方式通常有标签云、人物图片搭配用户标签、各种统计图形（如直方图、雷达图等）三种形式。

7.1.5　用户画像的应用

用户画像的应用场景十分广泛，包括零售、医疗、金融为代表的传统行业，以及以社交网站和电商网站为代表的互联网行业等。

1. 基础信息查询

用户画像是用户信息的标签化，在构建用户画像的基础上建立用户标签库以及用户关系库，可以实现基础信息查询。例如，基于用户画像的设计数据管理平台提供了数据检索的功能，有利于在人机交互过程中帮助机器更加了解用户的意图并回答用户的问题。同时，通过用户画像查询基础信息，便于企业深入了解用户需求。例如，在构建电商网站用户画像的基础上，通过用户的评论及其关注产品的类型发现用户的现有需求和潜在需求。

2. 精准营销

市场上消费群体众多，而企业提供产品或服务不可能覆盖到每一个消费群。同时，每个顾客的消费需求各不相同，因此产品与消费者的匹配一直是企业关心的问题。随着大数据的产生和发展，依托用户画像分析用户的行为习惯及消费习惯，为用户的消费行为打上专属标签，进而实现为消费者精准推送，可以大大提高消费者的购买可能性，同时避免企业全量投放而造成浪费。

3. 产品或服务优化

用户画像有助于公司的运营优化，具体表现为公司产品或服务的优化。根据不同的用户特征构建不同的用户画像（如按用户生命周期特征表示出的新用户画像、活跃用户画像、流失用户画像），可对不同特征的用户进行路径分析和用户画像的更新迭代，挖掘不同阶段用户的不同特征，发现用户从新用户到流失用户的隐含原因，进而实现产品或服务的优化。

4. 个性化业务定制

用户画像也常常应用在个性化业务定制领域，主要包括个性化推荐和个性化支持。借助用户画像，网站或 APP 可以根据用户的行为习惯和阅读经历为其定制内容，实现用户个性化阅读；同时根据用户的实时行为，网站可以不断调整用户画像，从而对定制内容实时反馈调整，提升用户的满意度。

在金融领域，用户画像可以为个人信用评级提供数据参考，从而对用户信用进行全方面的了解和评估，方便金融服务企业为每个用户进行信贷评分，并提供相应程度的信贷支持，如支付宝花呗基于芝麻信用等级为用户匹配透支额度。

5. 企业战略制订

从宏观层面来看，用户画像对于企业战略制订具有重要意义，主要体现在市场走向判断、用户群体划分和产品定位三个方面。除此之外，用户画像还可以结合人工智能及决策支持系统，提高数据利用率，为企业管理者提供决策支持，降低决策风险，为企业战略正确提供保障。

7.2 推 荐 系 统

7.2.1 推荐系统的基本概念

1. 推荐系统

"根据您的浏览、购买记录，我们给您推荐了以下内容。"当人们打开今日头条、淘宝等互联网应用程序时，常会看到这样的提示。这其实就是个性化推荐系统在根据用户的喜好，量身定制地为用户推荐其最感兴趣的内容。除了新闻、电商领域外，主流的视频、音频以及互联网金融等相关平台都需要个性化推荐系统的支持。

推荐系统是为满足电子商务发展和解决网络信息超载而产生的。随着大数据技术的普及，各种推荐算法也在不断地丰富和发展，如基于内容的推荐算法、基于协同过滤的推荐算法、基于知识的推荐算法、基于社交网络的推荐算法等。其中，基于协同过滤的推荐算法是推荐系统中应用最早、也是最成熟的技术之一。本节主要围绕这一推荐技术展开说明。

2. 协同过滤推荐

协同过滤算法于 1992 年首次被 Xerox 公司用于定制个性化邮件系统。为了达到可以根据用户的不同喜好有针对性地发送不同邮件的目的，Xerox 公司让用户初次使用邮箱时，从十个给定的主题中选择三到五种，从而通过用户的兴趣选项实现了过滤邮件的个性化定制。后来又出现了主要用于新闻筛选的 GroupLens 系统，并将评分行为引入了该算法。根据收集来的评分数据可以决定是否要将该新闻推送出去以及推送给哪类用户。随着应用场景的拓展，协同过滤算法逐渐成为推荐系统的主流算法。

协同过滤推荐方法的原理简单易懂，即根据用户过往对物品或信息的偏好，发现物品或内容本身的相关性，或者用户间的相关性，基于这些相关性预测出当前用户对其他物品或信息的喜好程度，以决定是否进行推荐。从评分的角度可以解释为：用已知的评分去估计未知的评分。

通常我们会用到以下两类方法：基于记忆（Memory-based）的协同过滤算法和基于模型（Model-based）的协同过滤算法。基于记忆的协同过滤算法中主要包括基于用户（Userbased)的最近邻推荐和基于物品（Item-based）的最近邻推荐。下面章节将分别介绍这些方法。

7.2.2　相似度度量方法及最近邻确定

基于记忆的方法又称基于近邻的方法，是最早、最经典的协同过滤算法。它是启发式的，因其算法比较简洁而得到了广泛的应用。其基本思想就是利用用户–用户的相似性或物品–物品的相似性，依靠评分矩阵定义近邻来实现推荐。

通常将基于记忆的协同过滤方法又分为基于用户的最近邻推荐和基于物品的最近邻推荐。

近邻的用户指的是与目标用户有着相似喜好的一类用户，也称为最近邻用户。同理，近邻的物品则指的是与目标用户所喜好的物品相似的一类物品。

目标用户/物品与其邻居用户/物品的相似度的度量方法有以下几种：

（1）欧几里得距离（Euclidean Distance）：

$$\begin{cases} d(x, y) = \sqrt{\left(\sum (x_i - y_i)^2 \right)} \\ \mathrm{sim}(x, y) = \dfrac{1}{1 + d(x, y)} \end{cases} \tag{7-14}$$

（2）皮尔逊相关系数（Pearson Correlation Coefficient）：

$$\mathrm{Sim}(x, y) = \mathrm{Pearson}(x, y) = \frac{\sum (x_i - \mu_x) \cdot (y_i - \mu_y)}{\sqrt{\sum (x_i - \mu_x)^2} \sqrt{\sum (y_i - \mu_y)^2}} \tag{7-15}$$

（3）余弦相似度（Cosine Similarity）：

$$T(x, y) = \frac{x \cdot y}{\| x \|^2 \times \| y \|^2} = \frac{\sum x_i y_i}{\sqrt{\sum x_i^2} \sqrt{\sum y_i^2}} \tag{7-16}$$

其中：x 表示目标用户/目标物品，y 表示邻居用户/邻居物品，i 表示第 i 个物品或第 i 个用户，μ_x 表示目标用户对所有物品的平均评分，μ_y 表示邻居用户对所有物品的平均评分。

确定邻居用户/物品通常有以下两种方法：

（1）给定邻居数量来确定最近邻（K-neighborhoods），如图 7-5(a) 所示。

（2）以达到相似度门槛的邻居作为最近邻（Fix-size Neighborhoods），如图 7-5(b) 所示。

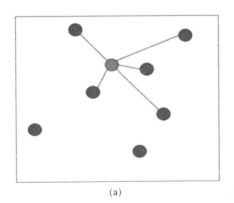

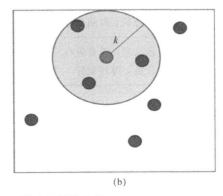

最近邻居的选择

(a)　　　　　　　　　　(b)

图 7-5　最近邻居的选择

7.2.3　基于用户的最近邻推荐

基于用户的最近邻推荐算法原理就是利用这些相似或同类用户对商品评分的加权平均值来预测目标用户对特定商品的喜好程度，从而根据这一喜好程度对目标用户进行推荐。

1. 收集用户的偏好

评分大体上可分为显示反馈（Explicit Feedback）和隐式反馈（Implicit Feedback）两种。评分是由用户对物品的喜爱程度所决定的，可以是连续的值，也可以是离散的值。比如，推荐系统可以根据用户对某种物品的评价而从集合{1，2，3，4，5}中取值。

但通常来讲，能够主观给出评分行为的用户只占总用户数量的一小部分，我们得到的偏好数据更多的是来源于隐式反馈。隐式反馈通常不是由客户主动提供的，而是通过用户的购买、点赞、收藏等操作推测出来的。这种机制导致用户只能表达喜欢而不能表达厌恶，因此可称为一元评分。二元评分与一元评分的主要区别就在于可以给用户提供负面的选项。二元评分通常强迫用户做出选择（喜欢或不喜欢），能防止其总是给出中立的评价。

那么在预测评分之前，我们首先需要收集用户的偏好，进而对应评分，得到评分矩阵。表7-1所示为不同用户的评判类型对应的偏好值。

表7-1　不同用户的评判类型对应的偏好值

用户行为	类型	特　征	作　用
打分	连续分值 离散分值 顺序分值	通常为整数量化的偏好，可能的取值是 $[0, n]$，n 为正整数	通过用户对物品的打分，可以精确得到用户的偏好
投票	二元评分	布尔量化的偏好，取值是 0 或 1	通过用户对物品的投票，可以精确得到用户的偏好
转发	一元评分	布尔量化的偏好，取值是 0 或 1	通过用户对物品的转发，可以精确得到用户的偏好，同时可以推理得到被转发人的偏好（不精确）
点赞/收藏	一元评分	布尔量化的偏好，取值是 0 或 1	通过用户对物品的点赞或收藏，可以精确得到用户的偏好
标记标签	文本	一些词语，需要对文本进行分析，得到偏好	通过分析用户的标签，可以得到用户对内容的理解，同时可以分析出用户的情感（喜欢还是厌恶）
评论	文本	一段文字，需要进行文本分析，得到偏好	通过分析用户的评论，可以得到用户的情感（喜欢或是厌恶）

2. 确定最近邻用户

利用用户的历史喜好信息，通过式（7-14）～式（7-16）计算相似度，可以计算出用户之间的距离，即用户之间的近邻关系。

例如，表7-2是用户 Tom 和其他两名用户对物品 A～D 的评分数据。分值从 1～5 依次表示"非常讨厌""讨厌""中立""喜欢"和"非常喜欢"。找出用户 1 和用户 2 中谁是与 Tom

更相似的用户后，可根据该邻居用户对物品 D 的评分去判断是否应该给 Tom 推荐物品 D。

表 7 - 2　基于用户的评分数据库

用户/物品	物品 A	物品 B	物品 C	物品 D
Tom	5	2	4	推荐？
用户 1	4	1	5	3
用户 2	2	4	3	1

这里我们假设最理想的一种状态，即用户对于四类物品的评分都是已知的。设 $U = \{u_1, \cdots, u_n\}$ 代表用户集，$P = \{p_1, \cdots, p_m\}$ 代表物品集。$n \times m$ 的评分矩阵 $\boldsymbol{R} = [r_{ij}]$，其中 $i \in 1, \cdots, n$，$j \in 1, \cdots, m$。对于表 7 - 2 而言，它的评分矩阵是一个拥有 3 位用户和 4 件物品的非稀松矩阵。

我们选用皮尔逊相关系数来衡量两用户之间评分向量的相似度 $\mathrm{Sim}(u_1, u_2)$，确定邻居用户集。相关系数的取值为 $[-1, 1]$，代表从强负相关到强正相关。

首先，计算每位用户的平均评分：

$$\mu_{\mathrm{Tom}} = 3.67, \quad \mu_{u_1} = 3.25, \quad \mu_{u_2} = 2.5$$

其次，计算 Tom 与用户 1 的相似度，由式（7 - 15）得

$$
\begin{aligned}
\mathrm{Sim}(\mathrm{Tom}, u_1) &= \frac{\sum_{p \in P} (r_{\mathrm{Tom}, p} - \mu_{\mathrm{Tom}}) \cdot (r_{u_1, p} - \mu_{u_1})}{\sqrt{\sum_{p \in P} (r_{\mathrm{Tom}, p} - \mu_{\mathrm{Tom}})^2} \sqrt{\sum_{p \in P} (r_{u_1, p} - \mu_{u_1})^2}} \\
&= \frac{(5 - 3.67) \times (4 - 3.25) + (2 - 3.67) \times (1 - 3.25) + (4 - 3.67) \times (5 - 3.25)}{\sqrt{(5 - 3.67)^2 + (2 - 3.67)^2 + (4 - 3.67)^2} \sqrt{(4 - 3.25)^2 + (1 - 3.25)^2 + (5 - 3.25)^2}} \\
&\approx 0.84
\end{aligned}
$$

同理，可得到 Tom 与用户 2 的相似度为 -0.84。

综上，我们得出 Tom 的最近邻用户是用户 1，相似度为 0.84，这意味着用户 1 的评分行为与目标用户更为相似。

3. 评分预测

通常，对于不同用户来讲，评分的基准线也会有所不同。乐观的人群或要求较低的人群普遍更容易给出高分。这就表示针对同一部电影，由不同用户给出的 5 分和 3 分很有可能代表着同等推荐程度。虽然皮尔逊相关系数较好地考虑到了这一点，在计算相似度时不会受到标准不同的干扰，但依然能发现评分之间的线性相关性。若想进一步预测物品评分，则需要尽量避免因积极或消极评价而带来的差异。因此，用户的评分需要按行进行均值中心化（Mean - centered）。

设均值中心化后的评分为

$$\boldsymbol{s}_{u, p} = \boldsymbol{r}_{u, p} - \boldsymbol{\mu}_u \tag{7 - 17}$$

即以每个用户对每一件物品的评分减去该用户的平均评分得到均值中心化的矩阵，如表 7 - 3 所示。

表 7 - 3　中心化后的评分数据库

用户/物品	物品 A	物品 B	物品 C	物品 D
Tom	1.33	−1.67	0.33	推荐？
用户 1	0.75	−2.25	1.75	−0.25
用户 2	−0.5	1.5	0.5	−1.5

令 V 表示目标用户 u 的 k 个近邻的集合，故预测用户对某一物品的评分 $\hat{r}_{u,p}$，可使用如下预测函数：

$$\hat{r}_{u,p} = \mu_u + \frac{\sum_{v \in V} \text{Sim}(u, v) \cdot s_{u,p}}{\sum_{v \in V} |\text{Sim}(u, v)|} \tag{7-18}$$

示例中，Tom 的邻居用户只有用户 1，故得到

$$s_{u_1, p_4} = -0.25$$

$$\hat{r}_{\text{Tom}, p_4} = 3.67 + \frac{0.84 \times (-0.25)}{0.84} = 3.42$$

由此预测出 Tom 对物品 D 的评分为 3.42，故不建议推荐。

另外，邻居用户是相互的，我们不仅可以由用户 1 去预测 Tom，也可以由 Tom 去预测用户 1。而且，事实上不止 4 件物品，在众多 Tom 没购买过、用户 1 却评分过的物品中，也可以同时预测出评分进行比较，选出评分最高的若干个物品推荐给 Tom。

7.2.4　基于物品的最近邻推荐

基于用户的推荐算法虽然已被广泛应用，但随着电子商务模式的变化以及大数据时代的到来，单纯基于用户的推荐算法遇到了严峻的问题。比如，对于电商平台上海量的物品，能主动评分的用户相对太少，难以快速确定新用户的偏好，加上人心善变、喜新厌旧等很多不确定因素，电商平台很难达到推荐的目标。因此，目前大部分电商网站都使用基于物品的最近邻推荐算法。

基于物品的最近邻推荐算法的原理是：利用物品而非用户的相似度来预测目标用户还可能喜欢哪些物品或内容。简单来讲，基于用户是计算评分矩阵的行之间的相似度，而基于物品是计算列之间的相似度。

计算物品-物品相似度时，我们常使用余弦相似度来度量。下面仍以表 7 - 3 所示的例子来说明。由余弦相似度公式(7 - 9)，得到物品 A 与物品 D 的相似度(注意这里选择的必须是对相同物品都做出评价的用户)：

$$T(p_1, p_4) = \frac{\sum_{u \in U} s_{u, p_1} \cdot s_{u, p_4}}{\sqrt{\sum_{u \in U} s_{u, p_1}^2} \sqrt{\sum_{u \in U} s_{u, p_4}^2}}$$

$$= \frac{0.75 \times (-0.25) + (-0.5) \times (-1.5)}{\sqrt{0.75^2 + (-0.5)^2} \sqrt{(-0.25)^2 + (-1.5)^2}}$$

$$\approx 0.41$$

同理，物品 B 与物品 D 的相似度 $T(p_2, p_4) \approx 0.15$，物品 C 与物品 D 的相似度

$T(p_3, p_4) \approx 0.11$。

通过比较可知，显然物品 A 与物品 D 是最相似的，物品 B、C 比较相近(余弦相似度均大于零)。

预测用户对某一物品的评分 $\hat{r}_{u,p}$，依然可使用如下预测函数：

$$\hat{r}_{u,p} = \frac{\sum_{p_i \in P} T(p_i, p) \cdot r_{u,p_i}}{\sum_{p_i \in P} |T(p_i, p)|} \tag{7-19}$$

故由所有邻居物品的加权平均总和得到 Tom 对物品 D 的预测评分：

$$\hat{r}_{\text{Tom}, p_4} = \frac{5 \times 0.41 + 2 \times 0.15 + 4 \times 0.11}{0.41 + 0.15 + 0.11} = 4.16$$

$\hat{r}_{\text{Tom}, p_4} = 4.16$ 高于 Tom 的平均评分 $\mu_{\text{Tom}} = 3.67$，故可以选择推荐。

7.2.5　基于用户与基于物品的方法的比较

基于用户和基于物品两种算法共同存在的问题是冷启动和长尾效应。

1. 数据稀疏与冷启动

在推荐系统的实践中，经常面临物品的数量庞大而可用的评分数据太少这种情况，此时得到的评分矩阵一般都非常稀疏，增加了找到邻居的难度，这被称为冷启动问题。

在这种情况下，传统的协同过滤模型得到的预测往往会受到很大的影响。那么如何由相对较少的有效评分做出准确的预测呢？有一些系统会收集用户的一些附加信息，比如年龄、性别、职业、兴趣爱好等。这样得到的邻居集合不只根据显式和隐式进行评分，还会将用户本身直接相关的这些因素一并考虑进去，就能够有效地提高推荐精度。

2. 长尾效应

用户的评分频率通常符合长尾效应，即经常被评价的热门物品的数量相对较少，而未被评价的冷门物品占绝大多数。当某些广受欢迎的物品被很大一部分用户都评了高分时，对于寻找近邻影响很大，因为近邻通常都是那些热门物品，预测结果就有可能产生误导性的结果，在一定程度上制约了推荐的多样性，会使用户感到厌倦。所以推荐过程中，需要考虑到稀疏或长尾这样的特性，通过调整推荐算法(比如给每件物品赋予一个权重，对皮尔逊相关系数做一定修改，对预测函数做变形等)，才能够获得更有意义的预测。

另外，在物品数量急剧增加的情况下，需要对比多个物品或用户之间的相似度，两种算法都可能会出现性能瓶颈。

同基于用户的算法相比，基于物品的协同过滤推荐更加被推崇，因为它相较于前者有很明显的优势。比如，用户的喜好因时间因素等而不稳定，那么用户-用户的相似度便不稳定，但物品-物品的相似度却能保证几乎不变。此外，基于物品的算法特别适合做线下预处理，特别是在评分矩阵很大的情况下，也能够做到实时计算推荐。而基于用户的算法在离线阶段不能进行预处理，因此实时计算会变得迟缓。

同时，基于用户的方法也有自己的优势，比如更具有多样性。基于物品的方法常推荐热门的或常见的物品，但基于用户的方法则可能会推荐一些新颖有趣的物品，这就意味着推荐列表中的物品不会是一成不变的。

随着推荐算法的发展，已经开始应用基于用户和物品的联合算法，即不仅考虑到评分矩阵的行之间的相似度，还考虑到列之间的相似度，使预测结果更精确。当然，这种方式会带来更大的计算量。

7.2.6 基于模型的协同过滤

基于记忆的协同过滤方法虽然容易实现，推荐结果也易于解释，但是它并不适用于所有环境，特别是当评价矩阵为稀疏矩阵时。而基于模型的协同过滤对稀疏的评分矩阵有较高的覆盖率，在某些场景下能达到更好的推荐效果。另外，基于模型的协同过滤更加节省空间，训练速度快，能够有效防止过拟合。

基于模型的协同过滤主要是通过数据挖掘或机器学习的方法离线处理原始数据来实现推荐的。模型中常用的算法包括关联规则算法、聚类算法、分类算法、回归算法、矩阵分解、神经网络、隐语义模型等。

基于模型的协同过滤推荐的主要优点如下：

（1）不需要对物品或者用户进行严格的建模，不要求物品的描述是机器可理解的，所以这种方法也是领域无关的。

（2）学习得到的模型大小远小于原始的评分矩阵，可节省空间。

（3）系统在建立和训练模型的预处理环节所需时间较短，压缩和总结模型还可以加快预测，避免过拟合。

（4）计算出来的推荐是开放的，可以共用他人的经验，很好地支持用户发现潜在的兴趣偏好。

基于模型的协同过滤推荐的不足之处如下：

（1）核心是基于历史数据的，所以对新物品和新用户都有冷启动问题；

（2）推荐的效果依赖于用户历史偏好数据的多少和准确性；

（3）少部分人的错误偏好会对推荐的准确度有很大的影响；

（4）对于一些特殊品味的用户不能给予很好的推荐；

（5）抓取数据和建模后，很难根据用户的使用演变及时修改模型。

7.3 思 考 题

（1）简述用户画像的概念和特点。

（2）简述用户画像的基本流程。

（3）简述群体用户画像的基本流程。

（4）简述用户画像评估的主要指标。

（5）简述协同过滤推荐算法的基本思路。

（6）简述基于用户的最近邻推荐算法的基本思路。

（7）简述基于物品的最近邻推荐算法的基本思路。

（8）简述基于用户与基于物品的最近邻推荐算法的异同。

第 8 章　数据可视化

8.1　数据可视化概述

8.1.1　数据可视化的发展历程

伴随着测量、绘画和技术的发展，可视化的相关技术也在不断发展。在地图、工程制图以及统计图表中，可视化的概念和技术已经应用与发展了几百年。可视化的发展见证了地球物理、科学计算、工程制造、统计分析等学科的不断进步。

可视化的发展历程具体可以分为以下几个阶段。

1. 17 世纪之前：数据测量与图表萌芽

可视化是从几何图形和地图中生成并发展起来的，它的主要作用是显示数据中一些比较重要的信息。到了 16 世纪，精确观测数据变化的物理理论技术和相关仪器已经逐渐被发明，而且手工绘制的可视化图表也逐渐出现。

17 世纪最重要的科学进步是对物理学基本量的测量理论（即关于时间、距离和空间的物理学基本理论）的完善。这些理论广泛应用于测绘、航空航海数据分析、国土勘察等相关领域。同时，随着解析几何、测量误差、概率论、人口统计和政治地图的发展，以及后来基于真实测量数据的可视化方法的发展，地图学理论和实践也得到了迅速的发展，人类对可视化开始了一种新的思维模式。

2. 18—19 世纪：数据图形

到了 18 世纪，在图形分析方面人们已经不再满足于将信息表示在地图上，于是他们创造了更好的图形类型和其他物理信息的概念图。随着统计理论的不断完善和实验数据分析技术的不断发展，抽象概念图和函数图得到了广泛的应用。18 世纪是统计图形的繁荣期，苏格兰工程师与经济学家 William Playfair 发明了许多至今我们仍然常用的图形形式，如线形图、条形图、饼图和圆形图等。

随着技术设计水平的提高，19 世纪上半叶，统计图形、概念图等开始大量出现，此时已经有了一套完整的统计数据可视化工具（其中包括柱状图、饼图、直方图、折线图、时间线、轮廓图等），可将社会数据、人口数据和经济数据等表现在地图上，形成了新的可视化思维方法，并开始在政府的规划和运作中发挥作用。另外，使用统计图表来帮助思考，派生出了一个新的视觉思维方式：图表用来表达数学证明和功能，画线用来辅助计算，各种视觉显示器用来表达趋势和分布数据，以方便沟通、交易和观察。19 世纪后期，可视化方法建设的条件不断成熟。法国人 Charles Joseph Minard 率先在工程学和统计学中使用了可视化技术，他绘制了拿破仑进军莫斯科的事件图。这幅地图真实地显示了部队的位置和方向，部队会聚、分散和重聚的时间、地点，部队撤退的过程，以及撤退过程中低温引起的人员减少情况。此时，可视化进入了统计图形时代。

3. 20 世纪以后：数据可视化

20 世纪以后，随着统计图形的主流化，可视化逐渐在政府机构、商业部门等领域得到广泛应用，同时各种数据分析和可视化技术也逐渐出现，特别是采用计算机编程技术来实现数据可视化。20 世纪 70 年代以后，桌面操作系统、计算机图形学、图形显示设备、人机交互等技术的发展促进了计算可视化的进步，可视化的数据来源越来越广泛，处理范围从简单的统计数据扩展到了更大的网络、层次结构、数据库、文本等。与此同时，高性能计算和并行计算的理论及产品都处于发展阶段，催生了科学与工程领域的大规模计算方法。数据密集型计算开始产生实际需求，这也对数据分析和表示形式提出了更高的要求。

进入 21 世纪以后，需要分析和表示的数据量激增，现有可视化技术很难应付海量、高维度、多源、动态数据的分析。由于数据量的不断增大和可视化技术的不匹配，原始的数据可视化分析技术和工具已经很难处理大数据了，面对时代需求，相关领域的开发者逐渐开始深入融合计算机科学、统计技术等，并设计新的基于大数据的用户交互手段，对数量庞大的数据进行信息挖掘以及可视化处理分析。新的可视化分析方法进一步综合了可视化、图形、数据挖掘理论与方法，辅助用户从大尺度、高复杂、矛盾甚至不完整的数据中迅速找到有用的信息以便完成有效的决策支持。

近年来，随着各个行业都逐渐实现了数字化，数据已经对社会生产生活诸多环节产生了重要的影响。随着数据可视化技术的不断改进和发展，可视化技术逐渐走向专业化。现阶段，不仅大数据随处可见，相应的可视化处理也随处可见。数据可视化处理就是通过日益成熟的图形图表显示和日益发展的计算机视觉展示技术，通过对数据更有效的筛选和清洗，进行合理的建模和展示，从而清楚、有效地传达数据中隐藏的信息。在实践过程中，还将可视化技术与数据库存储、云计算等技术相结合并应用于商业智能领域。微软、Tableau 等公司也相继推出了自己的商业智能分析工具。

当然，并不是所有的数据都可以进行可视化分析处理。对维度较高且杂乱的数据，需要先进行初步梳理和有效的数据处理，这也是数据可视化分析技术发展的一个新方向。随着人们对数据应用的需求不断增多，未来数据将在人类社会生产生活中发挥越来越重要的作用，数据处理技术和可视化分析也将更加成熟。

8.1.2 数据可视化的定义

法国学者 Jacques Bertin 在 1967 年发表了著作 *Semiology of Graphic*（《图形符号学》），书中描述了构成数据可视化图形的要素，并提出了一种数据可视化设计的框架。信息可视化就是在该理论的基础上发展而来的。美国统计学家 John Tukey 在 1977 年发表了"探索性数据分析"框架，提出数据可视化的效果并不是重点，重点是将数据可视化引入到统计分析中。Edward Tufte 在 1982 年发表了著作 *The Visual Display of Quantitative Information*，他在书中提出了信息在二维图形中的显示理论。该理论与 Jacques Bertin 关于图形符号学的相关研究一起推动了数据可视化的发展。

美国科学家布鲁斯·麦考麦克首次提出了科学可视化的定义，并描述了科学可视化的目标与范围：科学可视化通过结合图像处理技术与计算机图形学技术，在人机交互界面显示经过计算的科学数据与工程数据，并将其转换成易于人们所接受的图形或图像。与此同时，人通过交互式界面与图形或图像进行交互。科学可视化可应用于医学数据、气象学数据和地震检测数据等含有空间地理位置信息的数据。

从上述定义中可以看出，科学可视化是数据可视化的重要应用。一般认为，运用计算机的图像处理和图形学技术将数据绘制成图像，借此增强人的感知和认知能力的技术称为数据可视化。数据可视化不仅包含计算机图形学技术，还包含人机交互和可视化算法等技术。计算机通过对采集的海量数据进行分析与处理，使其转变为易于被人所理解的图形、图像或者视频，人可以通过交互界面与其进行交互，发现隐含在数据背后的规律，将之运用于社会生产和经营活动中，从而提高社会效率。

数据可视化对于辅助人脑进行记忆与计算有着重要的作用，它能够有效地协助人脑进行数据分析，解决面临的问题。人脑和现代的计算机一样，都具有特别强大的信息处理能力，数据可视化使得人脑能够和计算机结合，人给计算机分配任务，计算机进行存储与分析，这样就能够使整个人机系统的分析效率达到最高，并从数据中发现更多有价值的信息。因此，数据可视化在绝大多数自然科学领域都有应用。

数据可视化主要可以分为三个发展方向，分别是信息可视化、科学可视化与可视分析。

（1）信息可视化。信息可视化是指针对高维、抽象、非结构化的数据，如软件系统、层次结构等，根据实际的数据分析需求，在二维空间中呈现数据，使人能够发现其中所蕴含的信息。其核心问题是对高维数据进行可视化、对数据间的关系进行可视化以及对可视化的结果进行有效性判断等。

（2）科学可视化。科学可视化是数据可视化最成熟的领域，是最早建立的跨学科的数据可视化领域，因此它也是发展最久的领域。科学可视化研究自然界存在的物理与化学等现象，所以它主要应用于物理、化学、医药医学和航空航天等自然科学领域。科学可视化的主要目标在于寻找数据中的模式，其核心问题是怎样呈现数据中的演化规律和形状特征。

（3）可视分析。可视分析是一种分析推理的科学，以可视化交互为基础，不仅包含了数据可视化和数据分析，还包含了数据挖掘与人机交互等。可视分析旨在将人的感知能力发挥到极致，即通过数据可视化交互界面进行互补，完成有价值的分析与预测。可视分析的核心问题是对数据的分析与推理，是人的思维与机器智能的双向互动。

8.1.3　数据可视化的流程

可视化不是一个单一的算法，而是一个过程。数据可视化除了要实现数据的可视化处理外，还需要设计和实现前端数据采集、处理和后端用户交互等关键环节。这些环节是解决实际问题不可缺少的步骤，直接影响可视化效果。

可视化流程以数据流为主线，主要模块包括数据收集、数据筛选及处理、可视化处理和用户感知。整个可视化流程可以看作数据流经一系列处理模块并进行转换的过程。可视化流程如图 8-1 所示。

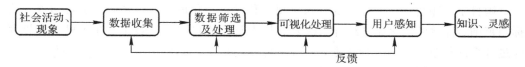

图 8-1 可视化流程图

（1）数据收集。数据是可视化的对象，可以通过采样、调查记录、模拟实验等不同的方式进行收集。数据收集直接决定了数据的格式、大小、精度等重要属性，在很大程度上决定了可视化结果的质量。在设计可视化分析解决方案的过程中，只有了解数据源的数据属性和收集方法，才能为后续步骤提供高质量的数据基础。

（2）数据筛选及处理。数据的筛选及处理也可以称为数据预处理。一方面，原始数据不可避免地含有误差和噪声；另一方面，数据的模式和特征往往是隐藏的。这就需要将原始数据转换为用户能够理解和显示的模式和特性。这个过程包括去误差、数据清理和筛选、特征值提取等，目的是为之后的可视化处理做好准备。

（3）可视化处理。可视化处理是整个可视化流程的核心。可视化处理将各种类型的数据通过不同方式的连接和不同的显示方式（如颜色、大小、形状、位置）展示出来。这种可视化处理的最终目的是将数据中包含的信息或者隐含在数据中的规律现象等显现出来，提高数据的可读性，使用户可以更好地理解数据和应用数据。因此，可视化处理不是一个孤立的过程，而是与数据、感知、人机交互等方面相互依赖、共同实现的过程。

（4）用户感知。用户感知就是将数据进行可视化处理后，用户从中获得信息、知识和感悟等。用户根据自己的主观需求，在可视化图表中找到需要的信息并得出自己的结果，获得相应的知识、灵感等。因此，用户会对数据有更加深入的见解，也便于更加深入地对数据进行分析。

可视化与其他数据分析和处理方法的最大区别在于用户的关键作用，可视化处理的结果只能通过用户感知转化为知识和灵感。除被动感知之外，用户在可视化分析的其他部分也有重要的作用，用户在整个可视化流程中进行交互，在得到可视化结果并进行用户感知之后，用户的视觉感知情况对之前的各个处理步骤进行反馈交互。比如，通过用户感知可以发现在数据收集方面的欠缺，在数据的筛选和处理过程中可以进一步尝试建立数据规律，在可视化处理过程中可以优化显示效果等。因此，用户感知对可视化分析和最终决策过程都起着重要的作用。

8.2 数据可视化的基本形式

数据可视化中常用的图表包括直方图、饼图、折线图、箱图、雷达图、标签页、气泡云、关系图、热图等。

8.2.1 直方图

直方图（Histogram）又称柱状图，是一种统计报告图，由一系列高度不等的纵向条纹或线段表示数据的分布情况。一般地，在直方图中，横轴表示数据类型，纵轴表示分布情况。

直方图是数值数据分布的精确图形表示。卡尔·皮尔逊（Karl Pearson）最早使用这种图来表达连续变量(定量变量)的概率分布。构建直方图时,首先将值的范围分段,即将整个值的范围分成一系列间隔,然后计算每个间隔中有多少值。这些值通常被指定为连续的、不重叠的变量间隔。间隔必须相邻,并且通常是(但不是必须)相等的大小。图 8-2 给出了一个直方图实例。

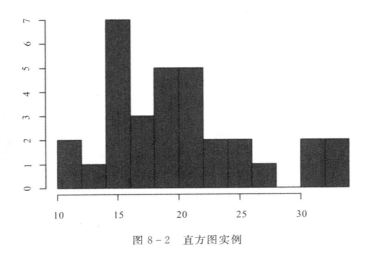

图 8-2　直方图实例

8.2.2　饼图

饼图(Sector Graph)常用于展示数据系列中各项的大小与各项总和的比例关系。2D 饼图为圆形,仅排列在工作表的一列或一行中的数据可以绘制到饼图中。饼图中的数据点显示为饼图中的百分比。图 8-3 给出了一个饼图实例。

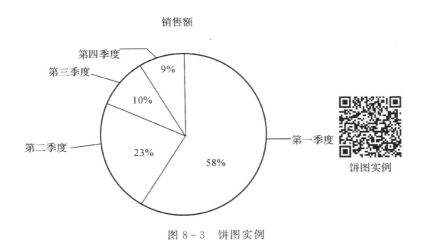

图 8-3　饼图实例

8.2.3　折线图

折线图可以显示随时间(根据常用比例设置)而变化的连续数据。因此,折线图非常适用于显示在相等的时间间隔下数据的趋势。排列在工作表的列或行中的数据可以绘制到折线图中。

在折线图中,类别数据沿水平轴均匀分布,所有值数据沿垂直轴均匀分布。如果分类标签是文本并且代表均匀分布的数值（如月、季度或财政年度），则应使用折线图。当数据表中有多个系列时，尤其适合使用折线图，因为采用折线图可以看出不同系列数据之间的差别。图 8-4 给出了一个折线图实例。

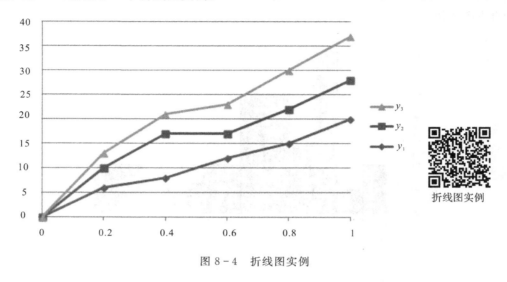

图 8-4　折线图实例

8.2.4　箱图

箱图是一种显示数据离散状态的分析图形。箱图主要包含 6 个数据节点：上限、下限、上四分位、中位数、下四分位和异常值。在箱图中，箱子占据了样本数据的一半，因而箱子的宽度在一定程度上反映了数据的波动程度。箱图更容易识别数据异常。箱图将多批数据放在同一数据轴上，并排排列进行对比，使得样本数据特征的分析变得更加容易。常用于分析股票市场的 K 线图就是箱图的一种应用。图 8-5 给出了一个箱图实例。

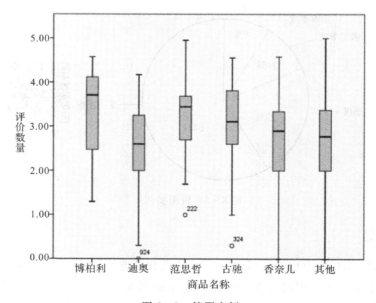

图 8-5　箱图实例

8.2.5 雷达图

雷达图是一种应用于多维数据分析的图形,通过对多维数据进行分析,从而探索问题的相关状态。通常维度应大于或等于四维。比如,在企业的财务分析中应用雷达图可以对企业经营状况的 5 类指标(流动性、生产性、安全性、收益性和成长性)进行评价,进而综合评估企业的经营状况。使用雷达图之前,一般需要进行数据预处理,首先计算出所需分析维度的占比或者对数据进行归一化处理,然后进行绘图分析。

雷达图使用的样本数据应该由一个或多个定性变量和多组连续型变量组成,因而雷达图能够进行多元多维度比较,更加形象直观地反映出数据特征。如果只是一组连续型变量,则更适合选择箱图来绘制图形。图 8-6 给出了一个雷达图实例。

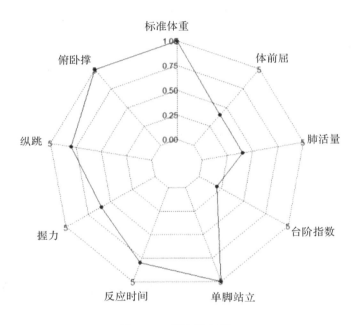

图 8-6   雷达图实例

8.2.6 标签云

标签云是关键词的视觉化描述,表现一套标签和与其对应的权重。一般的标签云含有 30~150 个标签,每个标签对应的权重影响标签的属性。标签云使用独立词汇,通过字号、颜色、排序和字体等属性,形象地体现标签的使用次数及热门程度等相关特性。标签云是可以交互的,大部分标签都有一个超链接。

但是,标签云描述的特性并不能非常准确地呈现出来,因而标签云不适合那些对绘图结果要求非常准确的场景。图 8-7 给出了一个标签云实例。

图 8-7　标签云实例

8.2.7　气泡图

气泡图（Bubble Chart）可以用于展示三个变量之间的关系。它与散点图类似，绘制时将一个变量放在横轴，另一个变量放在纵轴，而第三个变量则用气泡的大小来表示。排列在工作表列中的数据可以绘制在气泡图中。气泡图与散点图相似，不同之处在于：气泡图允许在图表中额外加入一个表示大小的变量进行对比。图 8-8 给出了一个气泡图实例。

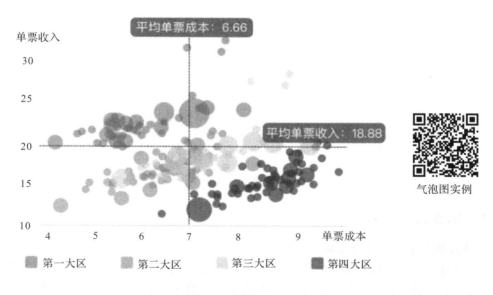

图 8-8　气泡图实例

8.2.8　关系图

关系图是使用连线的方式将相关事务连接起来，以表示事物相关性的图形。这里的相关性指的是事物之间复杂的逻辑关系。图 8-9 给出了一个关系图实例。

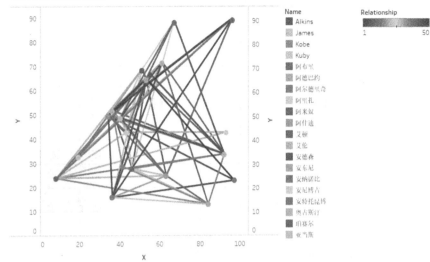

关系图实例

图 8-9 关系图实例

8.2.9 热图

　　热图是一种表现数据热点的图形，以区域和颜色等视觉效果形象地表现数据的密度、频率及热点等特征。热图仅仅表达的是数据之间的大概关系，并不能精确展现数据频率、热度等特征。热图可以视为地图的增强版，地图展现的是数据与地理位置之间的关系，而热图则是将地理位置广义化，以不同的区域块来进行区别。在 Web 设计领域，热图也被用来检测页面的哪些部分对顾客具有吸引力。图 8-10 给出了一个热图实例。

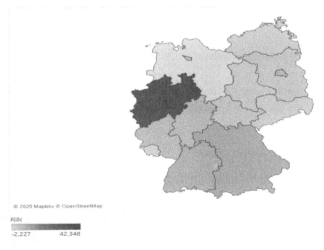

热图实例

图 8-10 热图实例

8.3 可视化工具介绍

8.3.1 常用可视化工具

目前使用较多的数据可视化工具有 Excel、Tableau、jqPlot、D3. js、iCharts 以及 Matplotlib 等，这些工具灵活且易于使用。有些工具允许用户直接将数据拖放到相应的系统中，以提高效率。

下面简单介绍一下这些工具的特性。

（1）Excel：在数据分析方面功能较丰富的办公软件，其中包含了相应的可视化处理工具，可以作为通用的数据可视化软件，也可以作为初学级别的数据可视化工具。Excel 的图表展示如图 8－11 所示。

Excel的图表展示

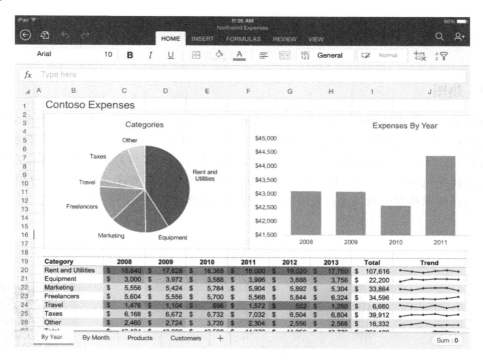

图 8－11　Excel 的图表展示

（2）Tableau：很常用的数据可视化处理专用软件，相比于 Excel 等通用软件，它在大数据处理的功能和速度上都更加占有优势。Tableau 既可以制作图表，也可以进行地图绘制，在可视化处理方面操作简单，不需要学习特别复杂的计算机编程等知识就能进行数据分析。另外，Tableau 支持的数据源广泛，可以连接多种数据源，还能在团队之间协作分享图表。Tableau 的图表展示如图 8－12 所示。

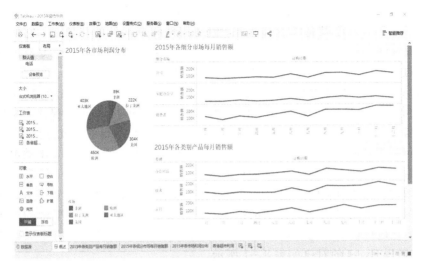

Tableau的图表展示

图 8 - 12　Tableau 的图表展示

（3）jqPlot：基于 jQuery 的 Web 端绘图插件，用户可以根据需要为图表设置不同的样式。它具有自定义日期轴线、设置旋转文字、自动计算趋势线等功能。

（4）D3.js：D3（Data-Driven Documents）利用现有的 Web 标准实现数据可视化，是一个基于文档对象模型的 JavaScript 库，是目前最流行的可视化数据库之一。D3.js 的优点在于不仅能与大多数浏览器兼容，还能避免依赖限定的框架。

（5）iCharts：用 JavaScript 语言进行可视化分析的工具，是一个云服务可视化工具。它能够比较方便、快捷地生成高分辨率的可视化图表。iCharts 的图表类型有很多种，用户可以根据自己的需要定制独特的图表，还可以脱离数据文档、表格等数据，实现元素之间的交互。

（6）Matplotlib：基于 Python 语言的 2D 绘图库，以各种硬拷贝格式和跨平台的交互式环境生成出版质量级别的图形。开发者应用 Matplotlib，仅通过几行代码便可以生成饼图、直方图、功率谱、条形图、散点图等。

为了针对实际的需要选择合适的可视化工具，我们可以从两个不同的维度来对它们进行分类对比，即适用范围与生产效率，如图 8 - 13 所示。

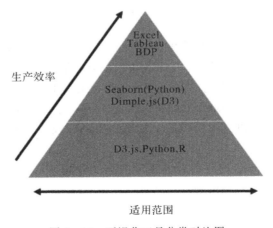

图 8 - 13　可视化工具分类对比图

金字塔最底端的可视化工具，诸如 D3.js、Python、R 等工具，它们是非常灵活的，只要学会它们的使用方法，基本上可以完成所有业务。但通用性和灵活性的代价是：它们的学习曲线陡峭，学习成本高，并不是普通业务人员能够轻松上手使用的。即便是专业的开发人员使用这些工具进行可视化，也存在开发周期长、开发效率低的问题。

对于金字塔的第二层，具有代表性的工具就是 Python 中的 Seaborn 工具包和 D3 中的 Dimple.js。这两类分析工具都可以在编程语言的支持下更快捷地进行数据可视化。相应地，使用这些工具的基础就是对计算机编程技术熟练掌握，因此具有一定的难度。

金字塔的最顶层包括 Excel、Tableau 与 BDP 等。这些工具有适用范围较小、不够灵活的缺点，虽然大部分图表的参数和表达方式已经由开发商设置，并且无法修改，但是这并不影响它们在商业领域的普遍使用，因为它们的可视化开发效率非常高。比如，在 Excel 中只需要在选项中点击鼠标，就能做出优美简洁的图表。更重要的是，随着底层平台的逐渐完善，这些工具能够结合地理位置信息，绘制出热力图、辐射图等对可视化具有重大意义的图表。Tableau、BDP 与 Excel 的对比如表 8-1 所示。

表 8-1 常用可视化软件工具的对比

可视化工具	特点和优势	局限性	学习曲线	目标人群
Excel	快速绘制基础表格	非专业可视化工具	零基础快速上手	一般业务人员
Tableau	操作更加灵活，反应速度快	收费高，不支持国内数据库与国内地图	需要一定的学习时间	数据分析师
BDP	性价比高，对国内用户友好，云端操作	云端操作存在一定延迟	零基础快速上手	数据分析师及一般业务人员

在本书中，从学习曲线和实践需求的角度考虑，建议初学者选择 Tableau 作为数据可视化的入门工具。

8.3.2 Tableau 简介

1. Tableau 软件概述

Tableau 是一款定位于数据可视化敏捷开发和实现商业智能的展示工具，可以用来实现交互式、可视化分析和仪表盘应用。Tableau 采用点击拖曳的方法产生图表，不需要开发和编程基础，并具有用户界面友好、响应速度快等优点。Tableau 支持多种数据源，包括 Excel 表格、文本文件、Json 数据、统计文件等，它还可以连接到多种数据库服务器。此外，Tableau 能够跟随思维轨迹快速切换视图，无须使用向导或编写程序，可以显著提高工作效率。

数据的可视化展示对于数据分析及数据服务至关重要，Tableau 强大的可视化分析功能让数据结论明确易懂，便于理解数据，也使得数据中信息的挖掘变得更轻松。

Tableau 的操作界面如图 8-14 所示。

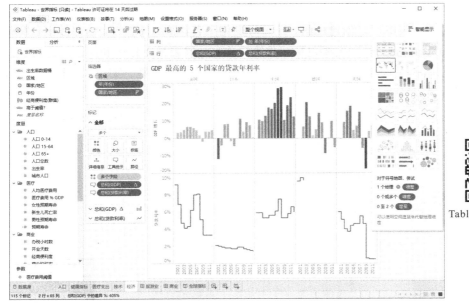

Tableau操作界面图

图 8-14　Tableau 操作界面图

2. Tableau 的特性

Tableau 不需要开发和编程基础，只需要采用点击拖动的方式就能生成图表，响应速度快，用户界面友好，使用方便。作为可视化工具的代表，Tableau 具有以下特性：

（1）极速高效。Tableau 可以直接连接外部数据源进行数据分析及可视化处理，也能从内存数据仓库中提取数据进行分析。另外，Tableau 可以实时更新连接的数据，并通过添加筛选器或者创建组进行数据的筛选分层。实时数据的展示大幅提高了数据分析的时效性，让决策者能够及时掌握数据动态。

（2）简单易用。简单易用是 Tableau 的一个非常重要的特点。Tableau 提供了一个非常友好的视觉界面。所谓友好的视觉界面，就是操作简单、直观、易学易用，使用户能够快速地创建智能、优雅、直观和具有高度交互性的报告及仪表板。

（3）支持的数据源广泛。很多时候不同的数据可能来自不同的数据源。例如，数据有可能来源于文本文件、Excel 文件、SQL Server 数据库、Oracle 数据库、多维数据库等。Tableau 的一个优势就是不仅支持不同来源的数据，还能对不同数据源的数据进行连接分析。用户可以根据数据的位置在不同数据源之间切换分析，或者将彼此相关的数据结合多个数据源进行分析。

（4）具有良好的可扩展性。Tableau 拥有多种应用程序编程接口，不仅可以连接各种格式的数据源，还能使用相应的接口连接到需要分析信息的系统和相关平台中，实现与系统或平台的交互。

Tableau 除了具有良好的功能特性之外，其产品体系也非常丰富，包括 Tableau Desktop、Tableau Server、Tableau Online、Tableau Mobile、Tableau Public 和 Tableau Reader。本书所用的是 Tableau Desktop 产品，关于其他产品的详细功能和用途不再一一赘述。

3. Tableau 的工作区

在 Tableau 的工作区中可以创建视图，设计可视化图表，展示仪表板，创建故事，发布和共享工作簿。Tableau 的工作区主要包括工作表工作区、仪表板工作区和故事工作区。

（1）工作表工作区：进行数据可视化处理的工作区，包含工具栏、菜单、数据窗口等。在工作表工作区中可以通过简单的数据字段拖放将数据转换成可视化图表。工作表工作区如图 8-15 所示。

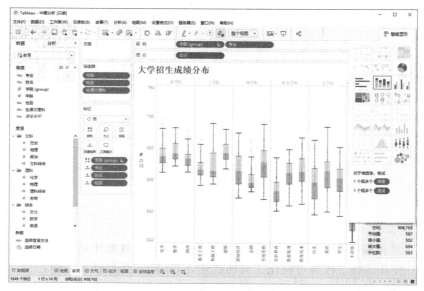

工作表工作区

图 8-15　工作表工作区

（2）仪表板工作区：可把工作表工作区中设计好的可视化图表进行整体布局，类似于一个可视化大屏，将工作表中的各个对象进行组合，用来揭示数据的关系和含义。仪表板工作区如图 8-16 所示。

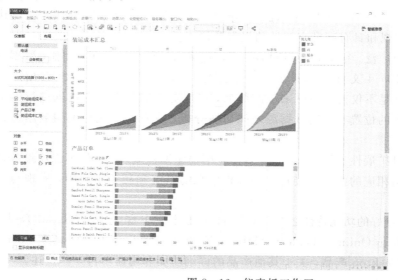

仪表板工作区

图 8-16　仪表板工作区

（3）故事工作区：将工作表或者仪表板的集合按照特定的顺序排列，然后添加相应的注解。通常该工作区被当作演示工具向读者或者用户讲述某些事实以及各个事件的联系等。

8.4 思 考 题

（1）简述数据可视化的概念。

（2）简述数据可视化的主要流程。

（3）列举并简述数据可视化的基本形式。

（4）列举并简述常用的数据可视化工具的特点。

第 9 章　报表自动化系统

9.1　报表自动化系统概述

报表自动化系统是一种依赖报表服务器自动生成和发布报表的软件系统。报表服务器通常是一个完整的基于 Web 服务器的平台，它可以建立、管理、发布传统的基于纸张的报表或者交互的、基于 Web 的报表。报表服务器模块化的设计方式和可扩展的应用程序接口（API），使得软件开发人员和企业可以将报表集成到已有的系统或第三方的应用中。

报表服务器除了提供灵活的报表发布选项以外，还与数据库服务器及开发环境紧密结合，使得报表开发比在其他环境下更加简便快速。同时，以 XML 形式产生报表这一功能使得报表服务器可以容易地与其他应用程序和工具进行数据交换。微软基于数据库服务器的 SSRS(SQL Server Reporting Services) 报表系统的结构如图 9 - 1 所示。

SSRS报表系统
的结构图

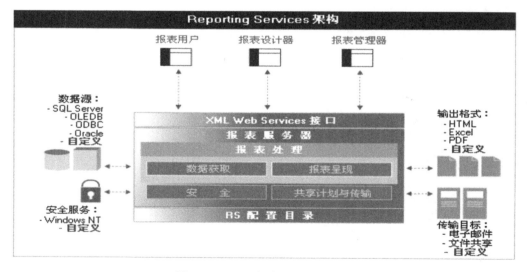

图 9 - 1　SSRS 报表系统的结构图

报表服务器提供了丰富的格式化和个性化功能。一个报表可以被自动转换成各种格式，而无须编写任何附加的代码。例如，可用 HTML 的格式创建一个报表，并将其立即转换成 XML 文档、图、PDF 文件或 Microsoft Excel 文件。这一功能使得不同用户可以选择自己喜欢的格式。图 9-2 给出了一个报表自动化系统实例。

报表自动化系统实例

图 9-2　报表自动化系统实例

9.2　报表生命周期

报表生命周期是报表从创建到交付一系列活动的总称。报表的生命周期可以分为三个部分：报表的开发、报表的管理和报表的访问。报表自动化系统完全支持报表生命周期的这三个阶段。

1. 报表的开发

报表开发人员在开发平台上定义数据源和从数据源返回的查询结果，然后设计报表的布局。根据已知的信息定位布局，调整报表的展现形式，显示分组查询结果的明细和小计，并通过设计报表的交互功能增强报表的功能。这一系列的活动都属于报表的开发。在开发期间，开发人员就像开发一般的软件一样通过运行预览报表逐步测试，以改善报表的设计。

（1）选择数据是报表开发的第一步。报表数据来源于各种数据源，如分层数据文件、关系数据库和多维数据库。最典型的数据源是数据仓库，即从多种数据源通过集成服务提取、转换、加载到数据仓库的数据。

（2）报表的布局是报表开发的重点。数据是通过报表展现给用户的，一个良好的报表应该是主题清晰、功能丰富且结构简单明了。选择何种形式的报表（表格、矩阵、图表还是仪表盘）来展现数据、如何在报表里组织数据字段、怎样给报表添加丰富的功能，这些问题都是报表布局的重点和难点。

2. 报表的管理

报表的管理包括：配置报表属性，将报表部署到服务器；设计报表服务器内的安全性，即配置服务器安全策略、分配用户权限和配置项目级安全性；执行管理任务，检测报表服务器运行状态和资源等。

3. 报表的访问

报表自动化系统应当为用户提供简洁的报表访问形式，为开发者提供简洁和容易获取使用的报表的接口。目前，大多数报表系统有自己的报表 Web 服务，可以通过浏览器链接导航到报表所在报表服务器中的存储位置，也可以选择创建报表门户应用程序或是使用 SharePoint 等集成方式来访问报表。用户除了可以主动访问报表，还希望能够订阅报表，即报表在固定的时间直接发送到用户的邮箱。比如，前一天的日报表可以在每天早上八点直接发送给用户，而不用用户自己每天去浏览器上访问报表。

9.3　报 表 设 计

9.3.1　报表开发环境

本小节以某市公交集团报表系统的开发为例讲解报表自动化系统的设计开发过程。公交信息系统的数据库为 Microsoft SQL Server 2008 R2 版本，考虑到软件的兼容性及软件的适用性等问题，报表自动化系统也使用 Microsoft SQL Server 2008 R2 作为数据库，使用 Integration Service 和 Reporting Service 作为商业智能的解决方案。开发报表使用的开发环境与工具如下：

（1）操作系统：Microsoft Windows Server 2008 R2。

（2）数据库引擎：Microsoft SQL Server 2008 R2，同时支撑数据仓库系统。

（3）数据集成服务：Microsoft SQL Server Integration Services 2008，支持 ETL 过程的工作流。

（4）报表服务：Microsoft SQL Server Reporting Services 2008，作为报表自动化系统的开发设计平台。

（5）构建数据仓库：Microsoft SQL Server Management Studio，作为数据库、数据仓库的构建和管理工具。

（6）数据集成服务、报表服务的基础环境：Microsoft SQL Server Business Intelligence Development Studio。

9.3.2　报表需求分析

快速和便捷地访问业务信息已成为推动企业发展不可或缺的要素，激烈的市场竞争与市场环境的快速变化使得每个被授权的用户能够随时随地访问、获取企业各种不同的业务信息成为一种必需。企业各个部门、各个层次的管理者都需要查询有关运营、成本、服务和安全等的汇总信息或其相关信息，而且这些信息可能来自不同的系统。

首先从业务角度出发，找出用户关心的业务问题。这些业务问题就是报表系统要展现的重点内容。不同的用户关注的业务重点不同，以公交集团高层管理者为例，详细阐述如何从高层管理者的角度出发，设计出有质量的报表。

高层管理者主要关注企业宏观层面上的问题，不必关注每一个具体的运营细节。企业的宏观问题可归纳为五大类：成本收益问题、资源分配问题、计划落实问题、绩效考核问题以及安全问题。结合公交集团的运营情况，高层管理者关注的问题如下：

（1）成本收益问题。公交集团是为广大市民提供公共交通运输的企业，它不以赢利为目的。为了积极响应国家节能增效的号召，近几年，公交集团大力提高企业运营收入，并且严格控制运营成本。下面以分公司级别的运营单位为例阐述成本收益问题。公交运营的成本主要是车辆的耗损、人员的费用以及油耗。在本系统中不牵涉车辆维修系统以及人力资源系统，因此，油耗是成本的关键指标。营运收入、收银收入、票务收入、IC 卡收入是收入的指标。

（2）资源分配问题。高层管理者掌握着企业的人力、资金、物资等资源。如何将资源合理地分配，如何调整不合理的资源分配是他们最关心的问题。人员，特别是司机，是公交集团最重要的资源。高层管理者需要将司机合理地分配到各条线路，保证所有车辆正常行驶。当特殊情况出现时，管理者也知道如何对司机进行再分配。例如，国庆期间，旅游线路的客运量大大增加，为了保证服务质量，公交集团采取相应措施，对旅游线路增派车辆和司机。此时，如何对司机进行调配是保证措施成功实施的关键。

（3）计划落实问题。为了保证产品和服务的质量，企业需要建立计划，以便大家有所遵循，并且不断地优化运营。公交集团针对公交运营制订了详细的计划，如计划客运量、计划客运收入、计划运营千米。除了直接表示计划的指标外，高层管理者还特别关注计划有无实现。因此，计划完成率也是非常重要的指标。

（4）绩效考核问题。高层管理者常用 KPI(Key Performance Index，关键绩效指标)来衡量各部门的贡献和执行效能。目前，公交集团使用的 KPI 有运营、计划、人员、安全、油耗和服务。公交是一个面向服务的行业，因此，服务是特别重要的一个 KPI。服务合格数、服务合格率、表扬、批评都是服务的关键指标。

（5）安全问题：公交的运营存在许多隐患和风险，例如安全事故。高层管理者需要了解风险目前的状况如何、为什么会发生，以及如何规避。事故次数、事故费用和抛锚数都是安全问题的指标。

9.3.3　报表页面设计

如果进一步了解了用户的具体需求，我们就可以开始设计报表了。根据用户的需求，报表可以分成三大类：基础分析报表、常用报表和个性化报表。基础分析报表是做基础分析时用的，包括日表、月表等；常用报表是日常工作时用的；个性化报表是在特别的情况下做分析和决策时用的，它提供一些数据，可帮助管理者做出更好的决策。表 9-1 展示了报表分类以及子报表类型。

表 9-1　报表的分类

报表分类	基础分析报表	常用报表	个性化报表
子报表类型	基础分析日报表、基础分析月报表	日生产进度表、月生产进度表、明细表、期间明细表	上岗人数对比表、线路空调对比表

每种类型子报表还包括一系列该类型的报表。总的来说，报表按照运营级别从上到下分为分公司表、车队表、线路表、司机表、乘务员表和车辆表；按照时间维度又分为月表和日表。例如，日生产进度表包括分公司日生产进度表、车队日生产进度表、线路日生产进度表、车辆日生产进度表、司机日生产进度表和乘务员日生产进度表；同时，按照时间维度划

分，生产进度表除了有六张日生产进度表，还有六张对应的月生产进度表。

下面以"日司机上岗人数对比"表为例详细介绍报表的制作过程：

（1）创建报表项目。打开 Business Intelligence Development Studio，创建一个新的报表项目。本项目报表系统将所有的报表都放到该项目里。

（2）添加数据源。数据源有两种添加方法：一种是新建一张报表，然后在"报表数据"视图下找到"数据源"，点击右键添加；另一种是在"解决方案资源管理器"里添加"共享数据源"。两种方法添加的数据源使用范围不同，第一种方法添加的数据源只对单张报表有效，而第二种方法添加的共享数据源可以被报表项目下的所有报表调用。本报表系统使用第二种方法，将公交集团数据仓库添加为共享数据源。

（3）添加数据集。数据集指定要从数据连接使用的数据。有两种类型的数据集：共享数据集和嵌入数据集。共享数据集是在报表服务器上定义的，设计者可以浏览到服务器以便创建共享数据集，或将一个预定义的数据集添加到报表。数据集的定义还包含参数、筛选器和指定字符区分的数据选项。共享数据集"车辆编号"的 SQL 查询语句如下：

SELECT DISTINCT 车辆编号

FROM   Dim 营运车辆

WHERE   （线路编号 IN（@线路编号））

ORDER BY 车辆编号

该查询在 WHERE 语句中使用了级联参数，级联参数的意思是一个参数的可选值是由上一级参数决定的，即线路编号的值范围是由"@线路编号"集合决定的。使用级联参数的优点在于可以动态地显示参数值。

在"报表数据"添加嵌入数据集"日司机上岗人数对比"，数据集属性的界面设置如图 9-3 所示。

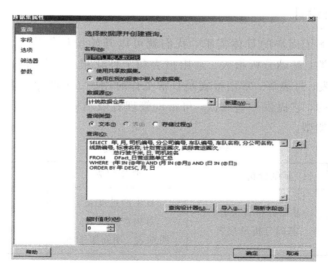

图 9-3　数据集属性的界面

在数据集属性界面，除了编写查询语句，设计人员还可以更改数据集的字段、排序规则，区分大小写，设置参数和筛选器。

（4）设置参数。报表参数是为报表全局定义的。如果报表查询包括参数，则将自动创建报表参数(也可以手动创建)。参数的另一种定义方法是配置数据集属性的筛选器。筛选器的参数只能对嵌入数据集筛选出来的数据有效。创建报表参数之后,必须设置标识该参数的属性,以及控制该参数在报表中的使用方式的属性。图 9-4 显示的是报表参数"日"的设置界面。

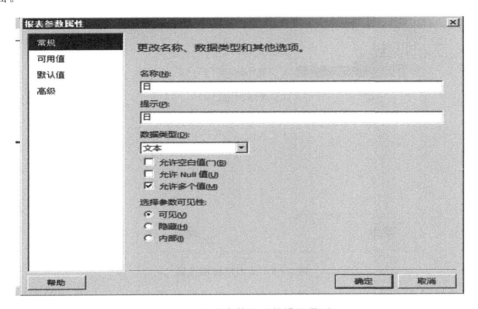

图 9-4　报表参数"日"的设置界面

配置参数属性时,特别要注意可用值和默认值的设置。可用值是指参数的可能取值,如"日"的可用值就是 1～31。默认值是指初始加载报表时参数的值。"日司机上岗人数对比"数据集非常庞大,为了加快报表加载速度,"日"的默认值设置为 1,即每次进入"日司机上岗人数对比表"时,默认是 1 号的数据。

(5)报表结构的设计。"日司机上岗人数对比表"主要通过分析司机上岗情况来了解司机运营状态。本章报表涉及三个层面上的对比:线路级别、车队级别和分公司级别,因此,采用小计的方法对每个级别的数据做汇总。同时,为了使报表具有更直观的效果,报表使用了明细方法。图 9-5 是"日司机上岗人数对比表"的设计图。

分公司名称	车队名称	标准名称	年	月	日	司机姓名	司机编号	计划营运圈次	上岗人数	实际营运圈
[分公司名称]								[Sum(计划营运圈次)]	[Sum(是否上岗)]	[Sum(实际营运圈次)]
	[车队名称]							[Sum(计划营运圈次)]	[Sum(是否上岗)]	[Sum(实际营运圈次)]
		[标准名称]						[Sum(计划营运圈次)]	[Sum(是否上岗)]	[Sum(实际营运圈次)]
			[年]	[月]	[日]	[司机姓名]	[司机编号]	[计划营运圈次]	[是否上岗]	[实际营运圈]

图 9-5　日司机上岗人数对比表

(6)报表的交互设计。报表的交互功能有钻取和跳转,例如图 9-5 中"车队名称""司机名称""年""月""日"等字段都设置了报表跳转的功能。在"日"的文本框上单击右键,选择"文本框属性",点击文本框的最后一条属性"操作",进入设置报表交互功能设计界面,如图 9-6 所示。

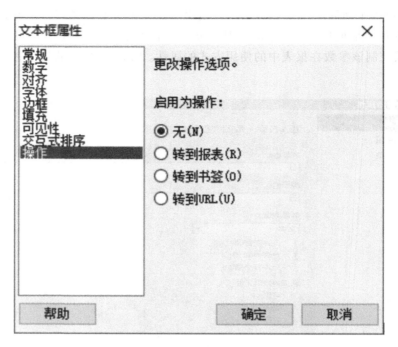

图 9-6　文本框属性设置

报表的跳转有三种形式，一是跳转到报表，二是跳转到书签，三是跳转的 URL。选择"转到报表"，在指定的地方填写要跳转到的报表名称，并且对运行报表的参数进行配置。"跳转"操作通常是为了达到报表钻取的功能，报表的钻取是沿着维度进行的。本项目报表系统有两个常用的维度，一个是营运级别，另一个是时间。很显然"日"是属于时间维度的，因此，点击"日"，报表会跳转到"月司机上岗人数对比表"。

9.4　报　表　展　示

将设计完成的报表发布到报表服务器上，用户通过访问浏览器的形式查看报表。我们为报表系统设计了专门的门户网站，用户可以通过访问门户网站来获取报表。图 9-7 是公交五公司的计划统计报表数据分析系统网站的导航条。用户可以通过页面上的导航，迅速定位到想要查看的报表。

图 9-7　公交五公司计划统计报表数据分析系统网站的导航条

下面分别展示三张具有代表性的报表。"分公司月汇总"表属于基础报表，它是一张数据量非常大的报表，包含了数据仓库的表"DFact_分公司月汇总"的所有字段，如图 9-8 所示。

图 9-8　分公司月汇总表

　　"公司月生产进度"表属于常用报表，主要用来检测计划的完成情况，分别对客运量、总收入、行驶里程、换算里程、千公里人次、千公里收入以及能源消耗这七个方面计算"计划""实际"和"完成％"，如图 9-9 所示。

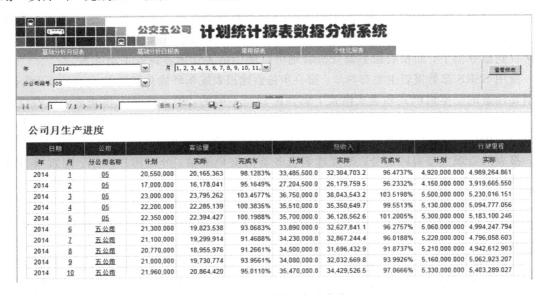

图 9-9　公司月生产进度表

　　"日线路空调对比表"属于个性化报表。这张表的特点在于可以通过使用参数"线路是否空调"和"车辆是否空调"查看线路和车辆的空调比例，如图 9-10 所示。

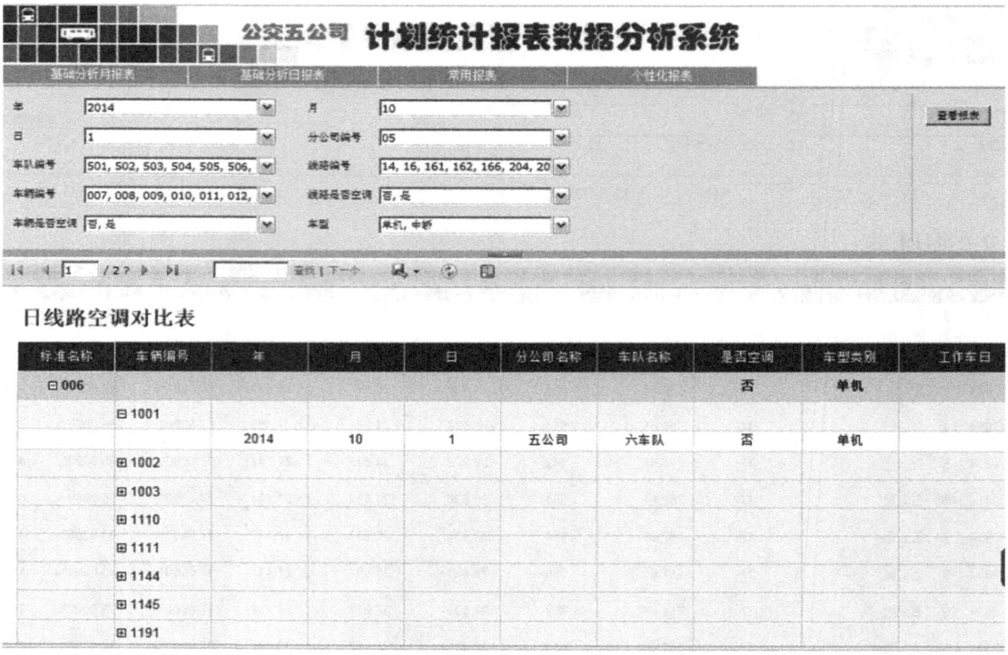

图 9-10　日线路空调对比表

9.5　报表的部署和管理

在设计完报表后需要将报表进行部署，部署过程是指将报表定义复制到 RepportServer 数据库的过程。需要集中存储以便用户访问的共享数据源、共享数据集也要一同部署到报表服务器上，并被存储在 ReportServer 数据库中。通常，报表开发人员将开发好的报表直接拷贝到服务器上，而报表服务器管理者则可以使用报表管理器进行手动部署。

使用 SSRS 部署报表主要有两步：第一步是创建报表发布环境并配置 Reporting Services，特别要注意的是本机模式和集成模式下属性配置是不同的；第二步是上传报表。报表设计者可以在 Intelligence Studio 报表设计环境下发布报表。对于一些有权限向报表服务器上添加内容的用户，可以使用 Web 接口程序将报表直接上传到服务器。

报表的管理主要有四部分：配置报表服务器的安全策略、分配用户权限、配置项目级安全性和管理数据安全。

（1）配置报表服务器的安全策略。Reporting Services 使用身份验证来控制用户对报表的访问，最常见的方法为每个报表用户创建一个 Windows 账号，即使用 Windows 集成安全性方法。

（2）分配用户权限。Reporting Services 可以为不同的用户分配不同的权限，具有不同权限的用户可以查看的报表内容不同，对报表进行的操作也不同。这样的机制主要依赖于对用户角色的配置。

（3）配置项目级安全性。配置项目级安全性控制用户可以查看和使用哪些项目。如果用户的角色不允许访问某个项目，则该用户是无法使用该项目的。

（4）数据安全性管理。报表的数据是不允许被随便修改、删除的，因此，我们需要管理数据的安全性来通过确定不同用户访问同一报表的不同权利。例如，统计部门的业务人员是报表的制作者，他们可以对报表进行添加、删除、修改数据的操作，而其他部门的业务人员只拥有查看本部门报表的权利。Reporting Services 提供三种保护数据安全的方法：第一种是使用查询参数和角色来保护数据安全，第二种是使用权限表来控制用户访问，第三种是使用数据集筛选器来控制不同用户在访问同一报表时能看到相应权限的数据。

9.6 思 考 题

（1）简述报表自动化的概念。

（2）简述报表的生命周期。

（3）简述报表设计的一般过程。

（4）简述报表的部署和管理任务。

第 10 章　大数据技术与应用

10.1　大数据概述

10.1.1　大数据的产生与发展

继物联网、云计算、移动互联网之后，大数据（Big Data）主题引起了不少企业及学者的关注。2011 年 5 月，以倡导云计算而著称的 EMC 公司在其"云计算相遇大数据"的年会上抛出了大数据的概念。2011 年 6 月底，IBM、IDC、麦肯锡等众多咨询机构发布了大数据相关研究报告，拉开了大数据研究和应用的序幕。

根据 IDC 的研究发现，全球数据量大约每两年翻一番；2010 年起全球数据量跨入 ZB 时代；未来全球数据增速将会维持，预计到 2020 年全球数据量将达到惊人的 35 ZB。这一规律被称为大数据摩尔定律。

大数据的产生和发展与数据的成本降低和数据的复杂性提高这两个重要趋势分不开。

首先，数据产生的成本下降推动了数据体量的膨胀。随着摩尔定律的持续作用，企业或机构的计算能力不断提高，成本不断下降，使得获取大量数据的成本快速降低；大规模存储的成本也在直线下降；随着网络和集群技术的普及应用，数据整合越来越简单。IDC 的数据库管理分析师 Carl Olofson 认为，这三大因素的结合便催生了大数据技术。

其次，新的数据源增加了数据类型的种类，提高了数据处理的复杂度。如果说数据成本的下降只是助推了数据量的增长，那么新的数据源和数据采集技术的出现则大大增加了数据的类型，增加了数据空间维度，进而极大地增加了数据处理的复杂度。

随着大量新数据源（比如互联网娱乐、社交媒体、电子商务和各种物联网传感器等）的出现，一方面打破了企业数据的边界，改变了以往数据大量由企业内部产生的情况，增加了数据采集的难度，另一方面出现了大量文本、图片、图像和音频/视频信息等非结构化数据。根据 IDC 的判断，目前非结构化数据占全球数据总量的 80% 以上，且仍在保持高增长态势。随着非结构化数据总量的急剧膨胀，采集、储存、管理、加工、加密和处理这些数据都将变得更为复杂。图 10－1 给出了数据量增长与数据复杂度提高的趋势。

根据大数据发展的趋势，全球知名咨询公司麦肯锡于 2011 年发布报告 *Big data：the next frontier for innovation，competition，and productivity* 提出"大数据时代"已经到来。麦肯锡在研究报告中指出，数据已经渗透到每一个行业和业务职能领域，逐渐成为重要的生产因素，而人们对于海量数据的运用将预示着新一波生产率的增长和消费者盈余浪潮的到来。麦肯锡的报告发布后，大数据迅速成为了计算机行业争相传诵的热门概念，也引起了金融界的高度关注。随着互联网技术的不断发展，数据本身就是资产，这一点在业界已经形成共识。如果说云计算为数据资产提供了保管、访问的场所和渠道，那么盘活数据资产，使其为国家治理、企业决策乃至个人生活提供支持，则是大数据的核心议题。

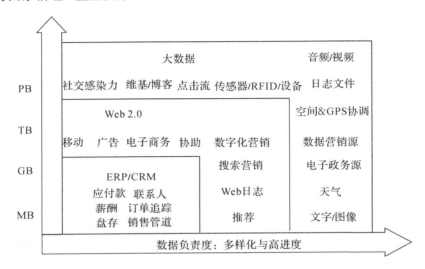

图 10-1　数据量的增长与数据复杂度提高的趋势

10.1.2　大数据的概念和数据结构

通常认为，大数据是指传统数据处理应用软件无法充分处理的、海量的、复杂的数据集，是商业智能领域的机遇和挑战。大量的数据可以为统计分析提供依据，但数据复杂性的提高也导致了数据处理和分析过程的低准确性和低效率。大数据所面临的挑战包括数据捕获、数据存储、数据分析、搜索、共享、传输、可视化、查询、更新、信息隐私和数据源等方面。

IDC 给出的大数据的定义是：通常会涉及两种或两种以上数据形式、数据量超过 110 TB，并且是高速、实时数据流；或者是从常规体量数据开始，但数据每年会增长 60% 以上。

大数据是目前呈现出的一种现象而不是一项新产生的技术。"大"有两个深层次的含义：首先是数据量大，通常定义 10 TB 的数据量为大型数据集，但是在现实企业中，多个数据集集合在一起，就已经远远超于 10 TB 的数量；其次是数据种类多，数据来源多，这些数据生产于不同的系统、不同的应用、不同的行业背景，并且数据的种类和格式也各种各样，呈现出多元化的特点。因此大数据并不等同于海量数据，处理大数据要面临更大的挑战。

从数据结构的视角来看，当前存在的数据可分为三大类：结构化数据、半结构化数据、非结构化数据。这三种类型的数据代表着三次数据发展大潮。

（1）结构化数据：代表着第一次数据大潮的到来，这种类型数据的管理和存储主要是靠关系型数据库，并且数据库可以帮助完成一些必要的搜索、排序功能。该数据类型一直扮演不可缺少的角色，并在信息化和互联网发展中得到广泛应用。

（2）半结构化数据：第二次数据大潮，具体包括邮件系统中的邮件数据、Web 集群中的 HTML 页面、各种资源库和数据挖掘系统中的信息等。半结构化数据同样可以用来被查找，因为它仍是以内容为基础的。

（3）非结构化数据：第三次数据大潮，并且有愈演愈烈的势头。该类型的数据必须处于一种可以被感知的形式中，换句话说，浏览非结构化数据必须要有对应的软件来支撑，例如各种格式的音频、视频数据需要特定的播放器才可以观看。

10.1.3　大数据的特征

随着对大数据研究的深化，业界对大数据的特征有了较为全面和统一的认识。大数据典型的特征可以概括为四个"V"，即体量大（Volume）、多样性（Variety）、速度快（Velocity）和价值密度低（Value）。

（1）体量大：通过各种设备产生的海量数据，其数据规模极为庞大，远大于传统组织产生的信息流量，PB级别将是常态。

（2）多样性：大数据的种类繁多，包含结构化和非结构化的数据，并在编码方式、数据格式、应用特征等多个方面存在差异，多信息源并发形成了大量的异构数据。

（3）速度快：处理数据的速度必须很快，涉及感知、传输、决策、控制开放式循环的大数据，对数据实时处理有着极高的要求。通过传统数据库查询方式得到的当前结果很可能已经没有价值。

（4）价值密度低：价值密度的高低与数据总量的大小成反比。以视频为例，一部一小时的视频，在连续不间断的监控过程中，可能有用的数据仅仅只有一两秒。

在此基础上，近年来更多的大数据特征被总结出来，包括：① 准确性（Veracity），指捕获数据的数据质量可能会有很大的变数，会影响到分析的结果；② 动态性（Vitality），强调整个数据体系的变化；③ 可视性（Visualization），强调数据的显性化展现；④ 合法性（Validity），强调数据采集和应用的法律基础，特别是对于个人隐私数据的合理使用。

10.2　大数据关键技术

10.2.1　Hadoop技术框架

大数据技术的快速发展与市场及相关公司的推动分不开。1984年Teradata公司推出了并行处理DBC 1012系统；1992年该系统成为第一个存储和分析TB级数据的系统；2007年Teradata安装了第一个PB级RDBMS系统，到2017年最大的RDBMS系统超过了50 PB。从2008年起，Teradata的数据库系统中添加了非结构化数据类型，包括XML、Json和Avro等。2004年谷歌发表了一篇关于MapReduce并行处理流程的论文，旨在把复杂任务分解为简单的任务在各节点之间并行执行，很快Apache组织根据MapReduce框架提供了Hadoop工具。2012年Apache开发了Spark技术，在MapReduce基础上增加设置了许多操作的功能，以应对MapReduce的局限性。

大数据发展至今，已应用在各个领域并取得不错成就，图10-2展示了大数据产业链的全景图。

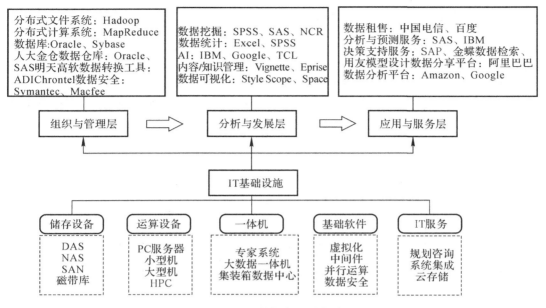

图 10-2　大数据产业链全景图

　　虽然大数据相关的技术非常多，但可以说 Hadoop 是其中最典型的代表。下文将通过对 Hadoop 核心组件 HDFS、Hive 等的简要介绍来说明大数据技术的应用方式。

　　Hadoop 是一个运行 MapReduce 分布式应用程序的云计算框架。分布式计算是一个宽泛和多变的领域，但近年来 Hadoop 因为其可访问性、容错性、可扩展性和简洁性得到迅猛的发展，Hadoop 2.0 版本的技术框架如图 10-3 所示。Hadoop 2.0 版在 1.0 版基础上融入了 Yarn 框架，Yarn 为 MapReduce V2 解决了原先一代框架中 JobTracker 的单点失效问题，是真正意义上的分布式应用程序框架。

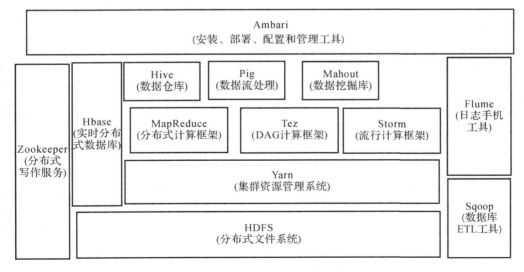

图 10-3　Hadoop2.0 版本技术框架

10.2.2 分布式文件系统——HDFS

HDFS(Hadoop Distributed File System)是一个服务于需要海量分布式数据的框架文件系统。HDFS 可以在 HDFS 中存储 100 TB 大小的单个文件，这是绝大多数其他文件系统无法办到的。HDFS 遵循了传统的 Master/Slave 的主从架构。NameNode 作为 Master 指导 Slave DataNode 后台线程去执行底层的 IO 任务。其整体存储架构如图 10-4 所示。

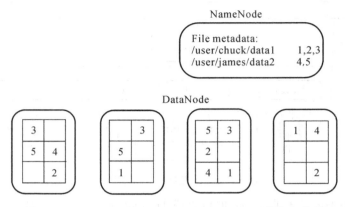

图 10-4　Hadoop 中 NameNode 和 DataNode 的分布情况

1. NameNode

NameNode 的功能相当于 HDFS 的一个记事本，它追踪用户文件如何被切分为多个块状文件，哪些节点存储了这些块状文件，以及整个文件系统的健康状况。因此，NameNode 起到了集群存储和 IO 集中管理的作用。为了减轻负载和存储压力，承担 NameNode 任务的节点通常不会同时承担 MapReduce 任务和 DataNode 的角色。为了解决集群 NameNode 单点失效问题，通常会存在一个副本节点，以便在紧急时可以替换 NameNode 继续工作。

2. DataNode

作为 Slave 节点，DataNode 承担了集群具体沟通文件系统读写任务——读写 HDFS 文件块到本地文件系统上的文件。当用户想读写 HDFS 文件的时候，文件会被划分为多个块，由 NameNode 告知客户端具体的块文件分布。客户端程序直接和 DataNode 交互进行具体的读写任务，而且一个 DataNode 会和其他 DataNode 将其所存储的文件块进行通信备份，以达到容错的目的。

图 10-4 给出了 NameNode 和 DataNode 的角色划分。在这个图中有两个数据文件，分别存储在 /user/chuck/data1 和/user/james/data2 目录下。data1 文件被划分成三块，分别是 1、2 和 3，data2 被划分为文件块 4 和 5。文件的内容被分散在了 DataNode 之中。图中，每个块文件有三份拷贝。这样如果某个 DataNode 崩溃或无法访问，客户程序仍然可以从其他节点进行读取。DataNode 不断地向 NameNode 发送汇报信息，报告自己的文件系统使用情况，同时，不断获取文件系统指令进行本地文件系统文件的创建、移动、删除等。

10.2.3 数据存储与检索技术——Hive

Apache Hive 是一个基于 Apache Hadoop 构建的数据仓库软件项目，用于数据查询和分析。Hive 提供了一个类似 SQL 的接口，用于查询存储在与 Hadoop 集成的各种数据库和文件系统中的数据。传统的 SQL 查询必须在 MapReduce Java API 中实现，以便通过分布式数据执行 SQL 应用程序和查询。

Apache Hive 能够分析存储在 Hadoop 的 HDFS 和兼容的文件系统（如 Amazon S3 文件系统）中的大型数据集。它提供了一种类似 SQL 的查询语言，称为 HiveQL，并将查询转换为 MapReduce、Apache Tez 和 Spark 作业。这三个执行引擎都可以在 Hadoop Yarn 中运行。为了加速查询，它提供了索引功能。

Hive 提供必要的 SQL 抽象，将类似 SQL 的查询（HiveQL）集成到底层 Java 中，而无须在低级 Java API 中实现查询。由于大多数数据仓库应用程序的使用基于 SQL 的查询语言，Hive 可以帮助基于 SQL 的应用程序移植到 Hadoop。

Hive 架构的主要组件如下：

（1）Metastore：存储每个表的元数据，例如其架构和位置。它还包括分区元数据，以帮助驱动程序跟踪在群集中分布的各种数据集的进度，数据以传统的 RDBMS 格式存储。元数据可帮助驱动程序跟踪数据。因此，备份服务器会定期复制在数据丢失时可以检索的数据。

（2）驱动程序：与接收 HiveQL 语句的控制器类似，它通过创建会话、监视生命周期和执行进度来开始执行语句。它存储 HiveQL 语句执行期间生成的必要元数据。驱动程序还充当 Reduce 操作后获得的数据或查询结果的收集点。

（3）编译器：编译将查询转换为执行计划的 HiveQL 查询。此计划包含 Hadoop MapReduce 为获取查询转换的输出而需要执行的任务和步骤。编译器将查询转换为抽象语法树（AST）。在检查兼容性和编译错误时，它将 AST 转换为有向非循环图（DAG）。DAG 根据输入查询和数据将运算符划分为 MapReduce 阶段和任务。

（4）优化程序：对执行计划进行各种转换以获得优化的 DAG，可以将转换聚合在一起，例如将连接管道转换为单个连接以获得更好的性能。它还可以执行拆分任务，例如在 Reduce 操作之前对数据进行转换，以提供更好的性能和可伸缩性。

（5）执行程序：编译和优化后，执行程序和任务，它与 Hadoop 的作业跟踪器交互以安排要运行的任务。它通过确保仅在运行所有其他先决条件时执行具有依赖性的任务来处理任务管道。

（6）CLI 和 Thrift 服务器：命令行界面（CLI）通过提交查询、指令和监视进程状态，为外部用户提供了与 Hive 交互的用户界面。Thrift 服务器允许外部客户端通过网络与 Hive 交互，类似于 JDBC 或 ODBC 协议。

10.2.4　大数据分析技术——MapReduce

MapReduce 是使用集群的并行、分布式算法处理大数据集的可编程模型。MapReduce 以并行处理为主要思想，Map 把复杂任务分解为简单的任务执行，Reduce 对 Map 阶段的结果进行汇总，将大数据分解为众多小数据。

MapReduce 模型主要包含 Mapper 和 Reducer 两个抽象类。Mapper 类主要负责对数据的分析处理，最终转化为 key-value 数据对；Reducer 类主要获取 key-value 数据对，然后处理统计，得到结果。MapReduce 执行流程如图 10-5 所示。

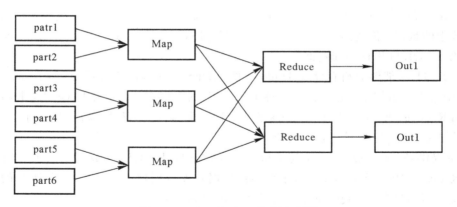

图 10-5 MapReduce 执行流程图

MapReduce 框架主要包括两种服务器：一种是独立的主服务器 JobTracker，主要进行工作分配；另一种是从服务器 TaskTracker，主要进行任务执行，它与 DataNode 安装在一起。主服务器将任务调度到从服务器上，并进行监控，从而重新执行失败的任务。应用程序可在 HDFS 上指定输入与输出的位置，使用特定接口提供与之匹配的 Map 和 Reduce 方法。Hadoop 客户端则主要负责发送可执行文件的配置信息给主服务器，再由主服务器进行分发，同时调度任务给从服务器，并且将相应的状态信息反馈给 Hadoop 客户端。

Hadoop 发展至今，已经越来越庞大和复杂，其臃肿性造成了更新和 bug 修复越来越困难。MapReduce 的 JobTracker/TaskTracker 机制在可扩展性、内存消耗、线程模型、可靠性和性能上的缺陷需要大规模的调整进行修复。Hadoop 更新和维护的成本越来越高。为了突破性能瓶颈，新的 MapReduce 框架从底层进行完全重新设计，并被命名为 Yarn，其架构如图 10-6 所示。

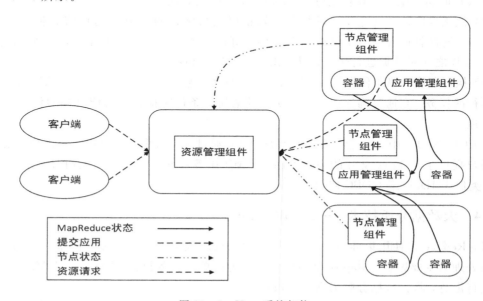

图 10-6 Yarn 系统架构

Yarn 框架将 JobTracker 两个主要的功能——资源管理和任务调度分离成单独的组件。新的 ResourceManager 全局管理所有运行程序的计算资源分配，而每个应用的运行监测由 ApplicationMaster 来完成。ResourceManager 和每一台机器的 NodeManager 沟通信息并一起管理该机器上的进程和计算资源。

每一个 ApplicationMaster 对应一个应用，这使得 Yarn 成为真正意义上的分布式框架。ResourceManager 响应它的资源请求，NodeManager 对其单机计算资源进行管理，其自身负责任务的运行情况监测。三者分工明确，相辅相成。

ResourceManager 支持应用的排队，应用之间的优先级可以不同。这些应用享有不同的资源优先权。它只是一个单一的计算资源管理中心，不参与任务的运行管理。

依据各个应用程序对资源的需求，ResourceManager 会统筹协调进行智能的任务调度；应用程序需要的资源被一个抽象的容器集中管理。这些资源包括 CPU、内存、硬盘等。这种模型同传统 MapReduce 资源过于固定明显不同，资源过于固定会给集群的使用带来很多负面影响。资源管理器对调度策略做了插件化处理，通过不同的插件可以实现各种调度模型。

NodeManager 管理着单机的计算资源，实时监控应用程序的资源占用，并通过发送心跳数据包向 ResourceManager 汇报。

10.3　大数据应用

随着大数据分析越来越广泛，其现实应用也越来越普遍地出现在人类生产、生活的方方面面，下面列举几个大数据应用的关键领域。

1. 政府

在政府工作流程中使用大数据相关技术，可以提高成本、生产率和创新等方面的效率。例如，在城市管理方面的应用，利用大数据实现智能交通、环保监测、城市规划和智能安防等。但大数据技术在这一领域的应用并非完全没有缺陷，因为数据分析往往需要政府的多个部门（中央和地方）协同工作，创建具有创新性的过程，以满足预期需求。

2. 制造业

大数据为制造业的发展提供了技术基础，提高了制造过程的可控性和可预测性。预测制造的概念框架从数据采集开始，在数据采集中，需要获取不同类型的生产现场数据，如声学、力学、电学等大量数据，这些数据加上历史数据构成了制造业的大数据。生成的大数据可以为产品的设计、制造、营销、服务和回收等产品全生命周期提供技术支持。

3. 医疗保健

大数据分析有助于为医疗保健提供个性化医疗和处方分析，以及临床风险干预和预测分析，减少医疗垃圾的产生，降低护理过程的不确定性，帮助医疗过程的数据共享和科学决策，以改善医疗保健效果。

4. 媒体

该行业正在摆脱传统的特定媒体环境，如报纸、杂志或电视节目，转而利用在最佳时间、最佳地点、面向目标人群的新技术来挖掘出潜在消费者。从统计学上讲，其最终目的是传达符合消费者心态的信息或内容。例如，"今日头条"等系统通过获取用户的使用习惯以及大量历史数据作为依据，为用户推荐其最有可能感兴趣的内容。

5. 保险

保险公司正在通过各种渠道收集有关食品选择、消费习惯、运动习惯、婚姻状况等"健康决定因素"的数据，据此来预测医疗成本，并精准推荐相关的保险产品。

6. 物联网

大数据与物联网协同工作，从物联网设备中提取的数据映射了设备的互连性。传媒业、公司和政府已利用这种映射更准确地找到其应用对象，以此来提高媒体效率。此外，物联网也越来越多地被用作收集感官数据的一种手段，而这种感官数据也已经被用于医疗、制造和运输等领域。

7. 信息技术

大数据作为一种帮助员工提高工作效率、简化信息收集和分发的工具，在企业运营中日益突出。通过将大数据原理应用到机器智能和深度计算的系统中，IT 部门可以预测潜在的问题，并在问题发生之前提供解决方案。

10.4 思 考 题

（1）简述大数据的概念和特征。
（2）简述 Hadoop 的技术框架特点。
（3）简述 HDFS 的技术特点。
（4）简述 Hive 的技术特点。
（5）简述 MapReduce 的核心算法思路。
（6）简述大数据的主要应用领域。

参 考 文 献

[1] Chen H，Chiang R H L，Storey V C. Business intelligence and analytics：From big data to big impact[J]. MIS quarterly，2012，36(4)：1165－1188.

[2] Tom Mitchell. 机器学习[M]. 北京：机械工程出版社，2003：36－58

[3] 刘泽. 我国企业应用商务智能的现状、挑战与对策研究[J]. 科技管理研究，2012，32(02)：34－37.

[4] 沈振萍，谢阳群. 基于企业信息工厂的商务智能数据管理研究[J]. 情报科学，2013，31(03)：102－106，112.

[5] 赵卫东. 商务智能[M]. 北京：清华大学出版社，2009

[6] 王建平. 数据仓库概念与关键技术分析[J]. 情报杂志，2007，26(09)：111－113.

[7] 王培培，张晓芳. 基于关系数据库的DLAP研究[J]. 信息与电脑：理论版，2016(01)：126－128.

[8] HAN JW，KAM M，PEI J. 数据挖掘：概念与技术. 3版[M]. 范明，孟小峰，译. 北京：机械工业出版社，2012

[9] 程显毅，朱倩. 文本挖掘原理[M]. 北京：科学出版社，2010.

[10] 百度百科. https://baike.baidu.com/.